JN065023

人間の価値

李登輝の言葉

李登輝
Lee Teng-hui

興陽館

はじめに
人間として大切にすべきこと
『人間の価値――李登輝の言葉』刊行によせて

元李登輝秘書　李登輝基金会 顧問
早川友久

人の「死」は二度あるという。最初の死は、その人が肉体的に死んだとき。二度目の死は、その人が忘れ去られたときだ。そう考えれば、李登輝にとって二度目の死は永遠に来ないのではないか、とさえ思わせる。李登輝の述べた言葉の数々は、二十年近く前の発言までも含めて、まったく色褪せることのない本質を突いているものばかりだからだ。

それればかりでない。李登輝は「二十二歳まで自分は日本人だった」と公言して憚らなかったように、日本人以上の教養と日本人的な精神を身につけていた。そして日本人の高い精神性を評価するとともに、その素晴らしさを見失うにまかせている日本人を鼓舞し、励まし続けたのである。李登輝は武士道の精神を体現するものとして、勇気、勤勉、奉公、自己犠牲、責任感、遵法、清潔といったことがらを挙げているが、戦後の台湾では、日本統治時代にこれらの精神を学んだ台湾の人々が、その素養や気質を「日本精神」と呼んで尊んだのである。

二〇一六年、李登輝は沖縄県石垣市を訪問した。石垣島は八重山諸島の中心となる島で、戦前戦後を通じて台湾から移住した人たちも多かった。台湾出身者と、その子孫の人たちが準備してくれた歓迎会の会場となったレストランに着き、控室に入ったときのことである。

地元の代表者らと談笑していた李登輝夫妻が、テーブルの上に置かれていた湯呑に目を留めた。日本人であれば誰もが一度は目にしたことのあるような、なんの変哲もないものだったが、その湯呑には「日常の五心」が書かれていたのである。

その後、李登輝は台湾に戻ってからもこの「日常の五心」を様々なところで紹介するので、小さめの紙に印刷して用意しておいたこともあった。最初は、李登輝が紹介するたびに、私が横で手書きしていたのだが、李登輝が言及したらサッと取り出せるように印刷して準備しておいたのである。

そこに書かれていたのは次のような言葉だった。
「はい」という素直な心
「すみません」という反省の心
「私がします」という奉仕の心
「おかげさま」という謙虚な心
「ありがとう」という感謝の心
石垣島でこの「日常の五心」が書かれた湯呑を目にした李登輝は「これはなんだ」と聞いた。誰かが咄嗟に「こんな湯呑は日本ならどこにでもあるようなありきたりのものですよ」と答えたが、それを聞いた李登輝は黙り込み、じっと考え込んでいたのを覚えている。

ところで、この年の石垣島訪問までには実は様々な紆余曲折があった。

二〇一五年七月、李登輝は国会議員会館で講演をする機会に恵まれた。台湾の総統経験者が国会の施設内で講演するなど前代未聞の出来事である。

二〇〇一年に総統を退任して間もない李登輝が、心臓病治療のために訪日をしたいと希望した際、ビザ発給をめぐって外務省や政界が上を下への大騒ぎになったことを記憶されている方も多いだろう。

ビザ発給という主権国家としての外交事務さえ、過度に中国の顔色を窺う日本外交に対し、李登輝は記者会見で「日本政府の肝っ玉はネズミより小さい」と声を荒らげたものだ。このときは当時の森喜朗総理の決断によってビザが発給され、李登輝は無事に日本の土を踏むことが出来たが、あの騒動と比べれば、国会議員会館における講演の実現は、日本外交が少しは正常化されてきた証左ともいえただろう。

「台湾のパラダイムの変遷」を演題とした講演には、衆参議員の四割を超える二百九十二人が出席し、結果的に大成功をおさめたのだが、この会場にひとりの若き市長が聴衆として出席していた。当時、四十代までの市長で構成される「全国青年市長会」の会長に就任したばかりの吉田信解・埼玉県本庄市長だ。

この年の、確か冬だったと思うが、私は吉田市長からの手紙を受け取った。「ぜひ将来の日本を担う、若い市長たちに向けて講演をしてほしい」という依頼だった。ところが、李登輝はこの秋に軽い脳梗塞を患ってしまい、体調を崩していた。

また訪日して講演をしてほしい、という依頼に対し、私は答えあぐねていた。幸い症状は軽く、普通の日常生活には戻りつつあったものの、東京まで行く体力には疑問符がつく。私は断りのニュアンスを込めて「東京へ行くのは難しいと思う」と返答したのだが、ポロッと「これが沖縄とかだったら可能性はあるかも」と漏らした。この一言から事態がひょんな方向へと動き出す。

吉田市長いわく「だったら沖縄県の石垣島はどうですか。実は、次の会長は、石垣市の中山義隆市長に決まっています」というのである。確かに台湾から石垣島へは、沖縄本島の那覇へ行くよりも近い。夏であれば、チャイナエアラインが直行便を運行していて、約四十分のフライトで着いてしまうのだ。これをきっかけに、計画はトントン拍子に進み、結果的に二〇一六年七月の訪日が実現するのである。

話を戻そう。

控室で黙り込んでしまった李登輝だったが、歓迎の晩餐会が始まるとプログラムどおりに挨拶し、出席者と歓談したり、余興を楽しむなどしていた。そして歓迎会が佳境に入ると、やおら李登輝は「マイクを貸してくれ」と言って、急遽再登壇し、演説を始めたのだ。

台湾語で話した李登輝の演説は次のようなものだった。

「さっき控室で、湯呑に書かれた『日常の五心』を目にした。これこそ、私がいつも言っている日本精神の真髄が凝縮された言葉だ。つまり、日本人が過去から大切にしてきた心であり、人間として誰もが学ぶべき、大切にすべき普遍的な徳目、価値観である。戦前から戦後にかけて台湾から石垣島に移民した台湾出身の皆さんも、苦労する日常のなかにあって、日本に残るこれらの五つの心を学び、大切にしながら生きてきたことだろう。そんな皆さんを、ひとりの台湾人として誇りに思う」

二〇二〇年七月三十日、李登輝はこの世を去った。二〇二〇年は、新型コロナウイルスの流行とともに始まった年でもあり、全世界が混乱の渦に巻き込まれた一年であった。しかし、そんな混沌とした情勢のなかにあって、李登輝という人間の遺した言葉はどれも燦然と輝きを放っている。李登輝はいなくなったものの、そのメッセージや言葉には、私たちがこの困難をいかに乗り越えていくかのヒントがふんだんに含まれているからだ。

日本の周囲を見渡してほしい。中国はその覇権主義を露わにし、国家安全法の制定によって香港の一国二制度は瓦解した。次に虎視眈々と狙うのが台湾であり、沖縄である。米国の力が相対的に後退し、世界をリードする国家がいなくなった状態を、米国の政治学者イアン・ブレマーは「Gゼロ後の世界」と評したが、現在まさにそうした時代を迎えたともいえる。

こうした例を挙げるまでもなく、わが国を取り巻く国際情勢はかくも厳しさを増している。ただ、これまで李登輝は機会あるごとに、日本を引っ張っていくべき指導者たちの信念の欠如、米国に追従するばかり、あるいは中国の顔色ばかりを窺う日本外交に苦言を呈してきた。日本に思いを寄せ、日本に期待する李登輝が、やむにやまれず発言した耳に痛い言葉を真摯に受け止めずにきたのはむしろ日本のほうではなかっただろうか。

「日本が、理想的な日本人をつくろうとして、出来上がったのが李登輝という人間だ」

李登輝は、日本から来客があるたびに、臆面もなくこう語っていた。

本書に収められた言葉の数々は、李登輝が「人間として誰もが学ぶべき、大切にすべき普遍的な徳目、価値観」と評価する日本精神が基盤になったものが多い。これら珠玉の言葉の数々は、日本も台湾も同じくらい心から愛した「元日本人」たる李登輝による、日本復活のためのメッセージなのである。

目次

第2章

日本について

日本人よりも日本を愛した魂

第3章

台湾について

台湾の総統としての覚悟

第4章 指導者について

政治家やリーダーの条件とはなにか

第5章

信仰について

神がくれた心の強さ

第6章

家族について

家族のためになにができるのか

第7章

読書について

こんな本を読んできた

第8章 死について

人はなぜ死ぬのか

装丁　福田和雄

第1章

生き方について

人間の価値とはなにか

世間の誤解や非難も気にしない

私は、いったん口にした言葉は、必ず実行に移した。だから、わが同胞の台湾人には、じつによくわかってもらえたと自負している。

もちろん私の発した言葉が、誤解や非難にさらされることもあったが、私はひるまなかった。先に述べたように、私は台北近郊にある観音山に登ったとき、「人間は一人なのだ。誰も助けてくれない。生きるも死ぬも、自分ひとりで立っていかなければならないのだ」という気持ちに包まれた。以来、人間社会のいわゆる縦や横の関係を気にしなくなった。

世間の誤解や非難も気にならなくなったのだ。

九九年、ドイツの放送局のインタビューを受けた際、「(中国と台湾は)特殊な国と国との関係」という言葉が口から出たときもそうであった。

一国の指導者たる者がそんな言葉を使えばどんなことになるか、私にもはっきりわかっていた。しかし、「私を立たせているのは、私しかいない。台湾を立たせているのも、台湾だけだ。究極的には、誰が助けてくれるわけでもない」という思いがはるかに勝り、これから起きる非難や圧力を承知で世界に向けて発信した。

指導者たる人間はもっと自信をもち、決然として己の意志を語ってもよいのではないか。

目の前にあることを一つずつ誠実に、自己の良心と信念に基づいて着実にやり抜く。それ以外にないのである。

『指導者とは何か』ＰＨＰ研究所

人間は一人なのだ。誰も助けてくれない。
生きるも死ぬも、自分ひとりで
立っていかなければならないのだ。

人は死ねば、何も存在しない

人が生きている意義はどこにあるのでしょうか。金をもうけることでなければ、多くの発明や理論、あるいは何かを造るといったことを成し遂げるのが価値を持つのでしょうか。

私はあなた方にひと言申し上げたい。「人は死ねば、何も存在しない」、より多くの財産も富も意味のないものである、人間の価値は、実際にはあなたが生きている時に、社会や国家にどれほどの奉仕をしたかで決まる、と。

有形の金銭や財物の奉仕であろうと、無形の精神や心の奉仕であろうとも、必ずそのさまざまな行動をみなければならず、そこで初めて影響力が発揮できるものです。

もし心の中で考え、口先で話すだけであったり、あるいはうわべの格好よさをつくろうだけで、本当の目的が人様にわかってもらいたい、新聞に掲載できればこれに越したことはないというようなことであれば、それはもともと奉仕とはいえないのです。奉仕はすぐに行動に移さねばならず、決して猶予してはなりません。なぜならば、いかなる物事についても、時機というのは大変重要だからです。

ある人があなたの助けを求めている時、時を移さず援助せず、その人が助けを必要としない時になって、あなたが援助すべきだと考えても、それでは遅いのです。

つまりは時機を誤ったということであります。

伝道書第三章一節には「天(あめ)が下のすべての事には季節があり、すべてのわざには時がある」と説かれています。道理は誠に明確、時は決まっているものであり、その時に実行しなければならないという事であります。

『愛と信仰』早稲田出版

人間とは何ぞや

私は、すべての原点を哲学に置き、即ち「人間とは何ぞや」というところから出発したのです。「人間とは何ぞや」、または「自分とは誰か」という哲学的問題から出発して自己啓発へ発進すれば、人格および思想の形づくりが完成できます。「自我」の「死」への理解を踏まえた上で、初めて肯定的な意義を持つ「生」が生まれるのです。しかし、「自我」をなくした後の自分は、誰が引き継いでくれますか。これは神にすがるほかに答えが出ないと思っております。

人間は単に魂（心）と肉体から構成されています。

けれども、精神的な弱さはさらに高い次元の存在を必要とするのです。

総じて言えば、私たちにはすべての権限を有する神が必要です。と言っても、すぐに信仰を持つようになるのも簡単なことではありません。信仰への第一歩は、見えないから信じない、見えるから信じるということではなく、ただ信じること、実践することです。

純粋理性から実践理性へと、もっと高い次元に生きる価値を見つけ出すことが、人生の究極の目標です。

従いまして、この日本的教育によって得られた結論は「私は誰だ」という問いについて、「私は私でない私」なのです。

この答えは、私に正しい人生の価値観への理解を促してくれました。

いろいろな問題に直面するときにも「自我」の思想を徹底的に排除して、客観的立場での正しい解決の方法を考えました。これが日本の教育を通して私に与えられた人生の結論でしょう。

『李登輝訪日　日本国へのメッセージ』まどか出版

もっと高い次元に生きる価値を
見つけ出すことが、
人生の究極の目標です。

「私でない私」という生き方

私はいわゆる運命論者ではない。ただ生涯において「神様が助けてくれたのだろう」と感じたことは、いく度かあった。

第二次大戦中、私は空襲で死ぬ可能性があったが、生きて終戦を迎えることができた。戦後、台湾に戻って白色テロの嵐のなかを生き延びたときにもそう感じた。白色テロとは、戦後大陸から台湾に渡ってきた国民党による民衆弾圧のことである。台湾出身の知識人が共産主義者と決めつけられて殺害される事件が相次ぐなかで、当時の私は政府によって弾圧される側にいた。

いつ逮捕され、銃殺されたとしても不思議はなかったのである。私が命を落とすことがなかったのは、運がよかったというほかないし、神によって生かされたとしか思えないこともある。

アメリカのアイオワ州立大学に留学したのち、一九五三年にマニラ経由で台湾に戻るときのことだ。フィリピン航空の飛行機がマニラ空港に下りたが、この時点でもまだ私には「帰国証」が発給されていなかった。このままでは帰国できず、私は不安と焦りに苛まれた。

当時は白色テロの余韻が残っていた時代である。国民党政府関係者による迫害など、身の危険を感じたが、マニラ空港に二、三日、止められたのち、無事台湾に帰ることができた。

このときばかりは「運がよかった」と胸をなで下ろした。

運命という点では、家内との出会いがそうだ。

キリスト教の信仰も、私一人では信仰を合理的に理解しようとするばかりで、洗礼を受けるまでには至らなかったであろう。そんな私を信仰の道へ導いてくれた家内との出会いは、まさに運命だと思っている。

運、あるいは運命というものが偶然の賜物なのかどうかは、私には判断がつかない。ただ、肯定的な人生観をもってひたむきに生きようとしたことが、運命に影響を及ぼした可能性はある。

肯定的な人生観とは、自我の果てしない肯定ではない。

自我を否定した先に開かれる生の肯定のことである。

キリスト教にあっては、自己のなかに神を宿すことである。

深い愛で他者を許す神を己に宿すことで、自己中心的な自我が消え、他者を思う心が生まれる。これを私は「私ではない私」と表現する。

これが意味するのは自我の否定のうえに立った他者の肯定であり、澄んだ精神で明日へと歩むことである。

この「私ではない私」という生き方が、一つの運命を引きつけたのかもしれない。

『指導者とは何か』ＰＨＰ研究所

なぜ格差が生まれるのか……

私は一九四二年に京都帝国大学農学部農林経済学科に入学するが、農業経済学を選んだことについては、いくつかの思いが複雑にからんでいた。

一つは、子供のころから小作人が小作権を維持するために、盆暮れに我が家に多くの貢ぎ物をもってくることが不思議に思われたこと。

また、高校時代に歴史を講義してくれた塩見薫先生が、マルクス主義史観で中国の歴史を語り、それに影響されていたこと。さらに、農業問題は台湾の未来に大きく関わっていると考えていたことなどである。

子供ながら、地主である自分の家に小作人がやってきて、小作の継続を哀願していくのを目撃して、同じ人間に生まれながら、なぜあのような格差が生まれるのかと憤りを覚えていた。そしてまた、同じように農業を営んでいながら、地主の違いによって耕地面積あたりの収穫量が大きく異なるのが興味深かった。

私が農業とマルクス経済学を結びつけたのは、こうした私の子供のころからのいくつもの体験が関係していた。

大学では、私はマルクスとエンゲルスの本を読みあさった。マルクスとエンゲルスが若いころに書いた論文から『資本論』まで丹念に読み通した。『資本論』については、何度も繰り返し読み込んだ。

当時、私にとってマルクス経済学が魅力的だったのは、解放の哲学であったということだけでなく、資本の問題を徹底的に解明しようとしていたからだった。

『台湾の主張』ＰＨＰ研究所

辛いことを貫く

私は小さい時から非常にパッションが強く、少し精神的に発熱しているようなところがありました。とにかく、社会的な正義感が強すぎたような気がします。

中学生のときに「使役（しえき）」という奉仕活動があったのですが、私は自分から進んで「便所掃除をやらせてください」と熱心に志願しました。

朝の六時ごろ、起床の鐘が鳴るや否やみんなでさまざまな「使役」に走るのですが、なかでも「便所掃除」が私の第一志望でした。

とにかく、みんなが嫌がる仕事を率先してやりたかったのです。

最も辛いことを貫けるかどうか、それが自分に課した最大の課題だったのです。

『「武士道」解題』小学館

徹底的に体を痛める理由

当時（中学生時代）の私は「強すぎる自我」と「激しすぎる情熱」を何とか抑えねばと、必死に煩悶（はんもん）していましたから、ただ書物を通して禅に接近するだけではなく、実際に我が身を痛めつけて修練をつまなければならないと痛感して、しょっちゅう座禅を組んでいました。

また、朝は人より早く起きて便所掃除などの奉仕活動を懸命にやり続けました。

いまにして思えば、このような生き方は、自己流の考えに基づくものであったかもしれませんが、やはり私が生まれたときから親しんできた「武士道」的な日本文化の根本精神と、どこかで深くつながっていたのではないでしょうか。

とにかく、我（われ）と我が身で実践しろ、徹底的に体を痛めろ、我（が）を退治しろ、訓練しろ、苦しみ抜け……。
そうすることによってしか自分の欠点を直すことはできないと固く信じ、強く決意していました。

『「武士道」解題』小学館

自分を充実させるには

私が青春を送った時代は、軍国主義の色彩が強まっていた頃と重なっています。ただ、皮肉にもこうした時代背景が、私の意志の強さ、秩序を重んじる価値観、国家や公のために尽くす奉公の精神を培い、自制と克己の習慣を養ってくれたのです。

なぜ私がこうした精神遍歴を特に強調するかというと、一個人の生涯における精神的な発展は、まずは必ず精神的に小さな経験から始まり、長じるに連れてより大きな命題にぶつかることによって初めて自分を充実させることができると考えているからです。

『文藝春秋』2015・8月号

なぜ「伝統なくして進歩なし」なのか

現代の若い人たちの学習気風を見ていると、なぜか物質ばかりを重視し、表面的な事柄にばかりとらわれて、抽象的概念や精神的思考の能力をいとも簡単に失いがちに感じることが多くあります。心身ともにある程度成長してしまうと、もはや心の内にある自我についての修養はできません。

皮相な「進歩」ばかりに目を奪われ、大前提となるべき精神的な「伝統」や「文化」の重みが見えなくなってしまっています。しっかりした「伝統」という基盤があるからこそ、その上に素晴らしい「進歩」が積み上げられるのであり、伝統なくしては真の進歩などあり得ないということを忘れてはなりません。

『文藝春秋』2015・8月号

私の三つの余生の送り方

私個人のこれから先は非常に簡単なものだ。退任前に早くから決めていた三つの方向で余生を送り、また国に身を捧げるであろう。

一つは、台湾先住民の暮らしや教育のためにボランティア活動をする。教会を通して伝道の仕事をやるのもその一つになるはずだ。

二つめは、人間的価値とその存在を確認するためにも大学へ週一〜二度通って、最近の生物遺伝学を聴講し、勉強しようと考えている。

三つめには、国のためにＮＧＯの仕事を始めなければならないと考えている。

現在の台湾は国際社会の成員ではない。そのためにいろいろな国際救済の協力事業に参加できない状態にある。台湾の国際活動を促進するためにも、少なくともＮＧＯ

組織を通じて実質的に国際貢献ができるように力をお貸ししたいと考えている。
　ともあれ、この世に残る私のわずかな期間ではあっても、一平民として、国のため、社会のため、人類のために尽力し得ることによって、過去十二年間、総統職にあったことに区切りをつける予定である。

『アジアの知略』光文社

過去への執着を捨てる

私が人生の過程で悩んだのは、自分を徹底的に肯定しようとする激しい自我と、その自我をどうにか否定したいという強い意志のあいだで、バランスがとれなかったことだった。

しかし、この悩みは私に特有なものではない。若い人には常につきまとう迷いであると同時に、この世で生きる人間ならば必ず直面する矛盾でもある。そしてさらに、このアンバランスは現代社会を歪ませ、世界を危機に向かわせる文明の根本的問題ではないかと思われる。

私は自分の体験に基づいて、機会あるごとに、若い人には、第一に自己中心の観念を排除することであり、第二に過去にあまり執着しないことが必要だと語ってきた。自己中心にものごとを考える限り自我からは逃れられず、また過去に執着する限り自分を肯定して前向きに生きてゆくことはできないからである。

実はこの二つは表裏一体のものであって、どちらかが欠けてもバランスを失い、自己中心と自己否定の果てしない葛藤にとらわれてしまうだろう。私は二十歳になったとき、意を決して日記をつけるのをやめてしまった。

日記をつけるのは立派な習慣であるようにいわれているが、私にいわせればしばしば悪癖へと転落する危険を帯びたものである。

なぜならば自意識が強い人間において、日記は自己肯定のための道具となってしまうか、あるいは自己否定の果てしない懲罰の場と化するからである。私の場合には、反省ばかりを連ねるような傾向が強かった。

確かに反省は必要だが、それだけでは人生は成り立たない。同時に私たちには前向きの姿勢が必要なのである。

『台湾の主張』ＰＨＰ研究所

第2章

日本について

日本人よりも日本を愛した魂

デラシネ（根無し草）にはなるな

自分が生まれ育った祖国に対する愛情や、「私は日本人以外の何ものでもないのだ」という自己認識なくして、日本国民が国際社会から信用されるわけもないことは、「ロイヤリティー」（Loyalty）という言葉をことのほか大切にしている欧米諸国の個人主義重視の観点からも明白です。

それなのに、日本のオピニオン・リーダーたちは、文字通り「君子豹変（ひょうへん）」といった素早さで、そのような貴重なアイデンティティーそのものを、いとも簡単に脱ぎ捨ててしまおうとしたのです。

いま、日本は少年の相次ぐ凶行や非行などで大きく揺れ動いていると言いますが、その遠因の一つが「個人」と「国家」や「社会」などとの密接な結びつきが見えない、すなわちアイデンティティーの喪失現象にあるということは、火を見るよりも明らかな事実です。

たとえば、「忠」と「孝」は同じものの二つの側面ですが、余裕のあるときには母親に孝養を尽くすが、貧乏になったら何もしない、などということがありえるでしょうか。「国家」と「個人」の関係も全く同じで、「戦争に負けたから祖国のことなど考えたくもない」などという者がいるとすれば、それはもう人間としての尊厳を自ら踏みにじった〝非人間〟と言うより仕方ありません。

なぜならば、「自分は何ものなのか？」という根源的な存在基盤まで自己否定してしまっているからであり、そのようなデラシネ（根無し草＝déraciné）は世界中どこの社会に行っても受け入れられないからです。

『「武士道」解題』小学館

自己否定はしてはいけない

日本精神というのは何か。日本精神を非常に簡単な言葉で言えば、結局、誠実、至誠。これが日本人の生活の上に着実に根付いているのです。人類社会が今直面している恐るべき危機を乗り切っていくときに、絶対必要不可欠な精神的指針なのではないでしょうか。

まことに残念なことに、一九四五年、日本は戦争に負けた。一九四五年以後、第二次世界大戦が終結した以後において、かけがえのない日本精神が全部否定されました。日教組は「日本の過去はすべて間違っていた。日本はいけない」という自己否定の立場で暴走していったのです。

しかし、日本の過去には政治・教育・文化の面で誤った指導があったかもしれませんが、素晴らしい面もたくさんあったと私はいまだに信じている。

　支那事変から第二次世界大戦に至るアメリカの態度。それに対する日本の処理の仕方。これでいいかどうかなぁと思っておりましたが、国が決めたからには、われわれはもう命を賭して戦わないわけにいかない。私は千葉の稲毛の高射砲学校で東京大空襲を受けました。あの一晩で死者十万の被害を受けた。あのときの光景はいまでも目をつぶったら見えるんですよ。そういう状態の中で、日本は精神的なものから物質的な考え方へ変わっていった。結局、唯物論的な考え方のもとに、精神を失っていった。

　これが結局、自己否定になっていく。人間にとって一番怖いのは何かと言うと、自己否定です。すべていけない、あれもいけない、これもいけない。じゃあどういうふうにやるか。ここで一番大切なのは、自己肯定、肯定的な考え方を持っていかなきゃならない。

　完全な自己否定傾向はいまだに日本社会の根底に渦巻いており、事あるごとに、日本及び日本人としての誇りを奪い、自信を喪失させずにおかないことに、私は心を痛めています。

『歴史通』２０１３・７月号

人間にとって
一番怖いのは何かと言うと、
自己否定です。

『学問のすゝめ』の本当の意義とは

『学問のすゝめ』によって、日本文化はどのように変わったのでしょうか。日本文化の特徴を知らなければ、『学問のすゝめ』の本当の意義はわからないと言っても過言ではありません。

明治維新は日本にとって二度目の文明改革に当たります。一度目は聖徳太子の大化の改新で、このときは中国から文明を導入いたしました。二度目が明治維新であり、『学問のすゝめ』は福澤諭吉らにより民間にあって社会に強く変革を呼びかけたものでした。

有史以来、日本の文化は中国大陸および西洋などから滔々(とうとう)と流れ込んできた変化の大波のなかで、驚異的な進歩を遂げてきたわけですが、結局、一度としてそれらの奔(ほん)

流に呑み込まれることもなく、日本独自の伝統を立派に築き上げてきました。日本人には古来そのような稀有なる力と精神が備わっているのです。

外来の文化を巧みに取り入れながら、自分にとってより便利で都合のいいものに作り変えていく――このような新しい文化の作り方というのは、私は一国の成長、発展という未来への道にとって、非常に大切なものだと思っております。

そして、こうした天賦の才に恵まれた日本人が、そう簡単に貴重な遺産や伝統を捨て去るはずはないと、私は固く信じています。

では日本文化とは何か。それは高い精神性と美を貴ぶ心の混合体が、日本人の生活であると言わざるを得ません。

日本人にはよくわからないかもしれませんが、日本文化は世界に稀なる特殊な文化であることを日本人は自覚しなければなりません。自然との調和を生活のなかに取り込んだ日本の文化は、実は世界でも稀なる文化と言わざるを得ないのです。

『誇りあれ、日本よ』まどか出版

武士道は日本人の生きるための哲学

日本および日本人特有の精神は何かと問われれば、私は即座に大和魂、あるいは武士道であると答えるでしょう。

武士道は、かつて日本人の道徳体系でした。

封建時代には武士が守るべきこととして要求されたもの、もしくは教えられたものです。

それは成文法、つまり文書の形式で示される法度ではなく、せいぜい口伝えによって、もしくは数人の武士、あるいは学者の筆によって伝えられたわずかの格言があるに過ぎず、むしろそれは語られず、書かれざる掟、心の肉碑に刻まれた決まりが多いのです。

不言不文であるだけ、実行によっていっそう強い効力が認められているのです。

それはいかに有能なりといえども一人の人の頭脳の想像ではなく、またいかに著名なりといえども一人の人物の生涯に基礎するものではなく、数十年、数百年にわたる武士の生活の有機的発達でありました。

それがやがては日本人の行動基準となり、生きるための哲学にもなりました。具体的には武士道精神は公の心・秩序・名誉・勇気・潔さ・惻隠の情・躬行実践を内容にしつつ、日本人の精神として生活の中に深く浸透しました。

私はかつて台湾の嘉南大圳（かなんたいしゅう）を開発した八田與一を例に挙げて、日本人の精神について述べたことがあります。

日本人の精神にとって何がいちばん大事なことかと言いますと、それは嘘をつかず、言ったことは必ず実践する「実践躬行」の精神です。

『誇りあれ、日本よ』まどか出版

台湾で最も愛される日本人とは

台湾で最も愛される日本人の一人、八田與一について説明しましょう。

八田與一と言っても、日本では誰もピンとこないでしょうが、台湾では嘉義台南平野十五万町歩（一町歩はおよそ一ヘクタール）の農地と六十万人の農民から神のごとく祭られ、銅像が建てられ、ご夫婦の墓が造られ、毎年の命日は農民によりお祭りが行われています。彼が作った烏山頭ダムとともに永遠に台湾の国民から慕われ、その功績が称えられるでしょう。

八田與一は一八八六年に石川県金沢市に生まれ、第四高等学校を経て一九一〇年に東大の土木工学科を卒業しました。卒業後まもなく台湾総督府土木局に勤め始めてから、五十六歳で亡くなるまで、ほぼ全生涯を台湾で過ごし、台湾のために尽くしました。

*

私の畏友、司馬遼太郎氏は『台湾紀行』で、八田氏について、そのスケールの大きさをつぶさに語り尽くしています。

私は八田與一によって表現される日本精神を述べなければなりません。何が日本精神であるか、八田氏の持つ多面的な一生の事績を要約することによって明瞭になります。

第一のものは、日本を数千年の長きにわたって根幹からしっかりと支えてきたのは、そのような気高い形而上的価値観や道徳観だったのではないでしょうか。

国家百年の大計に基づいて清貧に甘んじながら未来を背負って立つべき世代に対して、「人間いかに生きるべきか」という哲学や理念を八田氏は教えてくれたと思います。「公に奉ずる」精神こそが日本および日本人本来の精神的価値観である、と言わなければなりません。

第二は伝統と進歩という一見相反するかのように見える二つの概念を如何にアウフヘーベン（止揚）すべきかを考えてみます。

現在の若者はあまりにも物資的な面に傾いているため、皮相的進歩にばかり目を奪われてしまい、その大前提となる精神的な伝統や文化の重みが見えなくなってしまうのです。

前述した八田氏の嘉南大圳工事の進展過程では、絶えず伝統的なものと進歩を適当に調整しつつ工事を進めています。

三年輪作灌漑を施工した例でも述べたように、新しい方法が取られても、農民を思いやる心の中には伝統的な価値観、「社会主義」すなわち、「ソーシャル・ジャスティス」には些（いささ）かも変わるところがありません。まさに永遠の真理であり、絶対的に消え去るようなことはないものです。

日本精神という本質に、この社会主義があればこそ国民的支柱になれるのです。

第三は、八田氏夫妻が今でも台湾の人々によって尊敬され、大事にされる理由に、義を重んじ、まことを持って率先垂範、実践躬行する日本的精神が脈々と存在しているからです。日本精神の良さは口先だけじゃなくて実際に行う、真心をもって行うというところにこそあるのだ、ということを忘れてはなりません。

今や、人類社会は好むと好まざるとにかかわらず、「グローバリゼーション」の時代に突入しており、こんな大状況のなかで、ますます「私はなにものであるか？」というアイデンティティーが重要なファクターになってきます。

この意味において日本精神という道徳体系はますます絶対不可欠な土台になってくると思うのです。

そしてこのように歩いてきた皆さんの偉大な先輩、八田與一氏のような方々をもう一度思い出し、勉強し、学び、われわれの生活の中に取り入れましょう。

『月刊日本』２００３・１月号

「死んだら靖國で会おうな」

私は京都帝国大学の学生から、日本人として進んで軍人になった。翌年に初めて台湾で徴兵令が出たくらいで、徴兵でもなく学徒動員でもなかった。

私は敢えて志願したのだった。兄もその前年に海軍に志願していた。当時の気持ちとしては、アジアの中で日本が果たす役割に期待し、日本人として御国のために戦わねばならない、と思ったのだろう。若かった頃の気持ちを正確に想い出せない。

とにかく軍隊の中では嫌な思い出は一つとしてなかった。

台湾出身だからと苛めを受けたこともない。逆に中隊長から他の人より可愛がられた記憶が強い。

私が配属されたのは陸軍の高射砲隊だったから、数学の得意だった高等工業高校出身の中隊長と二人で、砲撃に必要な三次元などの数学をよく勉強したものだ。初年兵などが慣れずにまごまごして、下士官に怒鳴りつけられていた時は、「まあ許してやれよ」と言えたくらいだった。

そのくらい私にとっては、軍隊は居心地悪くなかった。

ただ、この戦争は長く持たないな、という予感は昭和十九年頃には生まれていた。各戦線で敗北していたことが耳に入っていたからだ。

だから終戦は意外ではなかった。あの八月十五日、私は名古屋の第十軍司令部付見習士官で、やはり高射砲部隊に属していた。しかし、もう隊には肝心の高射砲がほとんどない。その状態で終戦の玉音放送を聞いたのだ。

雑音で腹立たしい位聞き取れなかったが中身は後で部隊長に聞いてすぐに理解できた。「ああ、遂に来たのか」と、「しょうがないな、戦争はおわりだ」と思ったことを覚えている。

中隊長が「もうみんな帰ろう」と、私たちにいろいろ説明してくれた。

私はそうして京都に戻った。まだ台湾に帰る手段がなかったからだ。

国が敗れるということは大変なことだ。この日本国をどうやって立ち直らせることが出来るのだろうか、と真剣に考えた。

そうして私はマルキシズムに入っていったのだった。

でも結果として、マルキシズムではどうにもならなかったのだ。アメリカに留学してそれで完全に目が覚めた。

当時の軍隊の中では、「死んだら靖國で会おうな」と普通に会話していた。台湾出身だろうが、朝鮮出身であろうが、同じ日本の兵士として御国のために命を捧げ、死んだら靖國神社で会おうというのが、私たちの日常の感覚だった。戦死したら当然靖國神社に祀（まつ）られるはずだったのだ。

それが裏切られるとはつゆほども疑わなかった。一種の安心感の源だったのだ。


『ＳＡＰＩＯ』２００５・８・24／９・７夏の合併特大号

国家というものの根本にあるもの

今なぜ「靖國神社問題」が起きているのか、私には理解できない。日本人はまた中国共産党の謀略に引っかかっているのではないか。

国のために戦い死んだ兵士、指導者を悼み、参拝するのがなぜ悪いのか。彼らが取った手段や判断に批判があっても良い。すべてを正当化するわけではない。批判は批判としてあるべきだろう。しかしいま我々が生きている国を守ろうと命を捧げてくれた人に対して、感謝の気持ちを抱くことのどこが悪いのだろう。

昭和二十年ルソン島で戦死した兄、李登欽も靖國神社に祀られている。私はそれが今でも兄とつながる支えだ。日本政府はなかなかビザをおろしてくれないが、靖國神社で兄と会うのを楽しみにしている。いつの日か靖國神社で兄と話したい。

台湾でも戦死した兵士を祀る忠霊祠（ちゅうれいし）があり、春と秋に政府の全ての官僚、軍人が参拝する。もともと国民党政府が台湾に来てから作られたものだから、ほとんどが中国大陸の対日戦や内戦で死んだ国民党軍人たちである。

ご存知のように私たちの今の政治的立場とは違う人たちだ。

しかし、国のために命を落とした人たちだから参拝する。それが国家というものの根本を支えているのではないか。

『SAPIO』2005・8・24／9・7夏の合併特大号

国のために戦死した兵士を祀ること

靖國神社の問題は外交レベルの話ではない。信仰、文化、教育、防衛の問題である。国のために戦死した兵士を祀ることすら出来ないのでは、国民の精神が荒廃していくだけではないか。

教育の中で、どんな戦争で、なぜ負けたかも含め、きちんと教えていかなければならない。

その中から国のために命を投げ出した人たちへの感謝と追悼の気持ちが、自然に生まれてくるようにすることが、まず第一にやるべきことだろう。

『ＳＡＰＩＯ』２００５・８・24／９・７夏の合併特大号

こんなときは、坂本龍馬を思い出せ

私が進めた台湾の民主化、自由化の過程における「脱古改新」という考え方は、そもそも坂本龍馬の「船中八策」に強い影響を受けています。

「船中八策」とは、龍馬が大政奉還を実現するべく、長崎から京都へ上る船の中で提案した八箇条からなる政治体制案のことです。

明治政府成立後に示された「五箇条の御誓文」にもその骨子は生かされたといわれています。

現在の日本を見ていると、戦後の様々な束縛から逃れることができずに、窒息状態に置かれているように見えます。私は、いまこそ日本は龍馬の船中八策を思い起こし、新たな国家像を描かなければならないと考えます。以下、船中八策に触れながら、現代日本に必要と思われる施策を説明していきましょう。

まず、国家の主権について、龍馬は次のように説いています。

〈天下の政権を朝廷に奉還せしめ、政令宜しく朝廷より出づべき事〉

戦後の日本は、完全な自由民主主義国家となったようだが、実際は政治家と官僚、業界団体が癒着する既得権政治が横行している。

その根本的原因は、総理大臣のリーダーシップの欠如。日本の首相は間接的に選ばれるため、国民の信任を直接受けておらず、政策実践能力が弱い。早急に民意を反映した首相を選出するシステムを整備する必要があると思います。

また、龍馬は、「国のかたち」についてこう論じた。

〈上下議政局を設け、議員を置きて万機を参賛せしめ、万機宜しく公議に決すべき事〉

ところが、現代日本では地方政治が法的にも制度的にも霞が関官僚の意向に縛り付けられており、地域のリーダーが十分に実力を発揮できなくなっている。

それぞれの地域が自主独立の精神で政策を展開し、競い合って高めていくような、地域主体の発想に転換することが不可欠でしょう。

台湾とも関係がある外交問題についても、龍馬は的確な条文を遺している。

〈外国の交際広く公議を採り、新に至当の規約を立つべき事〉

現在の日本の外交は、敗戦のトラウマによる自虐的な、自己否定精神からいまだ脱していません。

外交の場で謙虚に振る舞っても国際社会では評価されない。

今こそ日本は主体性を持ち、積極的かつ堂々たる外交を展開すべきなのです。

『週刊ポスト』２０１０・１・１／８合併号

日本の価値とはなにか

近年、米国による一極支配が終わりを告げ、多極化へと移行しています。日米関係においてどのような役割を担うべきか。

日本があまりに片務的に負担を負わされていると思うのは私だけでしょうか。民主党は、米国との間で対等なパートナーシップを築くことを目指していますが、大いに評価されるべきです。

そして、資源を持たない日本にとって、何より重要なのは人材です。

私が受けた戦前の日本の教育は、品格と価値観をわきまえた教育者が教養を中心に教えるものでした。龍馬も〈有材の公卿・諸侯及び天下の人材を顧問に備へ、官爵を賜ひ、宜しく従来有名無実の官を除くべき事〉とし、人材・教育重視の姿勢を打ち出しています。

日本人の高い精神性や独自の美意識は、世界に誇るべき価値を持っています。

戦後の米国式教育に見切りを付け、日本古来の教育を取り戻す事は火急の課題でしょう。

龍馬の精神を道標とし、それを再検討することで、日本が誇りと自信を持って現実的実践による改革を進めることができると、私は確信しています。

『週刊ポスト』2010・1・1／8合併号

今こそ大和心を発揮するとき

荒海や佐渡によこたふ天河

私の大渓の自宅には、この芭蕉の句をはじめ、「奥の細道」全五十一句が屏風や書にして飾ってあります。日本の書家、鈴木利男さんが書いて贈ってくれました。私の家には、小さな「奥の細道」があるのです。

昨年『武士道解題』という本を出版しました。これは、政治や社会のリーダーの心構えとして、武士道の精神の大切さを学ぶためのものでした。私は、さらにその根底に潜む、日本の庶民の美学、生活哲学が「奥の細道」に表れていると考えています。

この日本の常民の美学、わび、さび、といった独特の感情は、外国人にはなかなか理解されないと思います。しかし、この日本人の美意識と武士道が相まって日本文明が形づくられています。外国人である私が、「奥の細道」を解説すれば、少しは外国で日本文明への理解が進むのではないかと思います。今度は「私の奥の細道」を書いてみたいと思っています。

なぜそこまで私は日本文明にこだわるのでしょうか。私が二十二歳まで日本人であった、ということを越えて、それは、グローバリズムとテロリズムのまさに未曾有の人類の危機の時代にあって、数千年にわたって営々と築き上げられてきた日本の歴史と伝統こそが、人類を救う普遍的精神である、と確信するからです。

戦後、日本は歴史と伝統を否定する自虐史観に支配され、肝腎の日本人自身が、人類を救う普遍的価値である日本精神＝大和心を忘れてしまいました。とんでもないことです。今こそ大和心を発揮し、世界で最も信頼され、尊敬される国として、人類社会の指導国家として、立ち上がってもらわなければ、人類は生存の羅針盤を失いかねないのです。

『月刊日本』２００４・４月号

日本人のアイデンティティーを持つこと

終戦後の日本人が価値観を百八十度変えてしまったことを、私はいつも非常に残念に思っている。若い日本人は、一刻も早く戦後の自虐的価値観から解放されなければならない。そのためには、リーダーたる人物が若い人たちにもっと自信をつけてあげなければならない。日本人はもっと自信を持ち、日本人としてのアイデンティティーを持つ必要がある。そうして初めて、日本は国際社会における役割を担うことができるはずだ。

『週刊ダイヤモンド』２０１９・12・28／２０２０・１・４新年合併特大号

日本人の強さと弱さとは

かつては学生として教えを受け、さらには実務家として多くを学んだ私としては、日本がもてる力を十分に振るえずに停滞している姿をみているのはつらい。

また、国際社会において、意外なほど幼い行動をとるのを目撃するのは、実に残念な思いがする。

しかし、現在、日本の動きが鈍くなったことについては、これまで触れてきたような戦後という時代の問題や世襲制の優越という制度の問題とともに、もともと日本人がもっていた特性もあるように思われる。

日本人の特性からいえば、智嚢(のう)つまり参謀役を務めているときには素晴らしい能力を発揮できるが、いったん自分が前面に立たなくてはならないとなると、途端に弱みが出てしまうという面があるように思う。

日本人はどのような場面でも、非常に真面目で、何事にも真剣に取り組むのだが、この取り組み方がやはり智嚢のやり方なのである。

経済において発揮されたのも、この真面目さであり、また政治においてみられるのもこの真剣さに他ならない。

しかし、こうした真面目さや真剣さによって作り上げられた各部分は優秀でも、部分を組み合わせて全体で実践に移す場合には、また別の要素が要求される。

私にいわせれば、この別の要素とは、日本人が考えているような「能力」ではない。もっと精神的なもの、いわば信念といったものによって支えられるのである。

私が長年、日本および日本人と付き合ったことに免じて、耳障りな話を聞いていただきたいと思うが、日本人にはこの信念が希薄なのである。

少なくとも現在の日本人には、コンフィデンス（自信）が欠落している。

そのために自分に対する信頼感がもてず、堂々と実行に移す迫力が感じられないのである。

政治家のレベルでいえば、部分的な細かなことには気がつくのだが、大局的な大枠の把握に欠けるようにみえる。

何かいつも、小手先のことばかり論じている。

それはその政治家の「能力」がないからではなくて、「信念」あるいは自分に対する信頼感が欠落しているからなのである。

『台湾の主張』ＰＨＰ研究所

日本のサービスの質は高い

私は一国が発展するにあたって、伝統や文化が無用のものであるとは思わない。むしろ不可欠であると考えている。伝統や文化とは、詰まるところその国の道徳体系につながる。その道徳体系において日本は、じつにすばらしいものを維持している。

今回の旅行で強く記憶に残ったのは、さまざまな産業におけるサービスのすばらしさである。金沢では一流旅館ならではのきめ細かいサービスに驚嘆したし、新幹線でも車内サービスの充実ぶりに目を見張った。

そこには戦前の日本人がもっていた、生真面目さや細やかさがはっきり感じられた。「いまの日本の若者はダメだ」という声も聞くが、私はけっしてそうは思わない。彼らは戦前の人たち同様、日本人の美質をきちんと保持している。

たしかに外見的には、緩んだ部分もあるだろう。

だがそれは、かつてあった社会的な縛りから解放されただけで、日本の多くはいまも社会の規則に従って行動している。社会的な秩序がきちんと保たれ、旅館にせよ鉄道にせよ、それぞれが最高級のサービスを提供している。ここまでできる国は、国際的に見ても、おそらく日本だけではないだろうか。

『Voice』2005・3月号

絆(きずな)で結ばれている台湾と日本

日本と台湾は、単に地理的に近いだけでなく、両国民の間には文化的にも精神的にも強い交流があります。

私は一九二三年（大正十二年）台湾に生まれました。その頃、台湾は日本の統治下にあり、私は日本人として「岩里政男(いわさとまさお)」という日本名を一九四五年まで持っていました。敗戦によって台湾は日本の統治下から離れますが、日本は台湾に大きなものを遺してくれました。

――それは台湾に近代化をもたらしたこと。そしてもう一つは、「日本精神」です。こうしたことから、日本にとって台湾人は、世界で最も親和性の高い民族になりました。

戦後、日本人は「戦前戦中はアジア諸国に酷いことをしてきた」という一面的な教育を受けてきました。確かに植民地化によって台湾人に対し差別的な扱いをしたという事実もありますが、植民地政策によって、その地に何をもたらしたかということも、事実として見つめなければなりません。

台湾でも、蔣介石時代は「反日教育」が行われましたが、私は台湾の教育を見直そうと教育改革に力を注ぎました。歴史を冷静に見つめることによって、友好も生まれてくるわけです。

中国や韓国は、政権の求心力を維持するためだけに、長年にわたって「反日教育」を国内で行ってきました。こうした状況下では真の友好は生まれません。

友好という絆で結ばれた台湾と日本は、これから世界に向けて、さらに強く手を携えていく必要があります。

『日台IoT同盟』講談社

日本のすぐれた思想をないがしろにしない

有史以来、日本の文化は中国大陸などから滔々(とうとう)と流れ込む変化の大波のなかで、驚異的な革新を遂げてきた。外来文化の奔流(ほんりゅう)に呑み込まれることなく、古来の伝統を残しつつ、新しい文化を取り入れ、独自の伝統を築き上げてきた。外来の文化を巧みに取り入れながら、より便利で受け入れやすいものにつくり変える——。日本人にはこうした稀有なる力と精神が備わっている。

ところが戦後社会のなか、日本は世界的にもすぐれた精神的な思想をないがしろにしてしまった。

高度成長の掛け声のもと、物質主義的で拝金主義的な価値観ばかりを追い求めてきたことは否めないのではないか。

ていた。

「武士は食わねど高楊枝」というように、かつての日本人は毅然たる生活態度をもっていた。

明治維新以降も、高級官僚や政治家、企業経営者といった指導者たちは、国家百年の大計に基づき、清貧に甘んじながら、未来を背負って立つべき世代に対し、「人間はいかにいきるべきか」という哲学や理念を率先垂範して示した。

「日本が変わる」「国の制度が変わる」といっても、古来その国に生まれ育ち、根づいてきた醇風美俗（じゅんぷうびぞく）や固有の文化は簡単に消し去ってよいものではない。

現代の日本では、国家や国民の未来、すなわち公的なことを考える指導者が少なくなってしまったように感じる。

リーダーシップの欠如によって生じた国家運営や企業経営の失敗に関しても、自発的、あるいは積極的に責任をとろうとする指導者はほとんど見当たらない。

そのような現実を目の当たりにしたとき、若い世代が受ける衝撃の大きさは想像に難くない。いまの若者が物質主義的な方向に走り出すのは、ある意味で当然だといえる。

このことはまた、戦後の日本社会に燎原（りょうげん）の火のように燃え広がったマルキシズムをはじめとする唯物主義とも、けっして無縁ではないはずである。
日本の伝統的な思想や美意識をないがしろにした結果、それまでの日本にはなかった極度に物質的な価値観が広く若者に支持されることになってしまった。

『指導者とは何か』ＰＨＰ研究所

口で言えないことを「道」と捉える

以前、台湾で制作した『三国志』の映画を観ていたら、曹操が死ぬ間際に言った言葉が非常に印象的だった。

「かつて、私が間違っていると人はよく言った。いまでもまだ私が間違っていると人は言う。おそらく、将来も私が間違っていたと人は言うだろう。しかし、私は私である」

「私は私だ」、これが中国的な考え方である。「私でない私である」とは正反対だ。だから、曹操は七十二箇所もお墓を造ったのだろう。灰にして山に撒いてほしい私とは違う。「私は私だ」ということと、孔子の「生を知らずに、どうして死を理解できようか」とはよく似ている。生きている間に好き勝手するのはその考え方からである。

高い精神性を誇る日本文化には、『老子』の「道の道とすべきは、常の道に非ず」を具体的に行う、茶道、華道、剣道、柔道などの「道」という考え方がある。

これこそが、「生を知らずして、どうして死を理解できようか」ということにつながるもので、「私でない私である」を生きることになるのである。日本精神の素晴らしいところは、そのような口で言えるものではないことを「道」という大事なものとして捉えているところである。口で言えることは永遠に「道」にはならないのである。

『熱誠憂国』毎日新聞出版

台湾の今日あるのは日本のおかげ

私が京都帝国大学に進んで、「農業経済学」という学問分野に生涯を捧げようと決意したのも、そのような流れの中で、新渡戸稲造先生の哲学・理念やその全人格に、読書と思索を通じて強い影響を受けたからにほかなりません。

そして、戦後台湾に戻ってからも、新渡戸先生をはじめとする日本の大先達たちが、いかに真剣かつ真摯に台湾の経済的自立のために献身的な努力を捧げてくださっていたかが痛いほどよくわかり、本当に日本文化のもとで基本的な教育や教養を受けてきて良かったなぁ、としみじみ思い返したものです。

特に、新渡戸先生が『武士道』の中で強く強調している、「信」や「義」や「仁」といった徳目は、その後私が台湾の総統となって「新・台湾人」を率いて新しい国造りを推し進めていくうえでの、またとない大きな心の支えとなりました。
　そのような意味では、私ばかりではなく、古き良き日の輝かしき日本の「伝統」に触れることのできた世代は、大なり小なり、「台湾の今日あるは日本のおかげ」と感謝しているのです。「伝統」とは、それほどまでに大切なものであり、何千年の星霜を経ようとも絶対に色褪(いろあ)せないものなのです。

『「武士道」解題』小学館

第 3 章

台湾について

台湾の総統としての覚悟

苦しくても台湾のために働く

国内外で難問に遭遇したとき、私は必ずといっていいほど聖書を手に取りました。まず神に祈り、そしてランダムに聖書を開き、指差したところを読み、自分なりに解釈して、神の教えを引き出そうとしたのです。

蔣経国の急死を受けて引き継いだ代理総統の任期を終えた一九九〇年のことでした。総統と国民党主席を私が続投するかどうか、党内で激しい権力闘争が巻き起こりました。もともと政治的な野心はなく、政争にも慣れていなかった私は、ただただ困惑するだけでした。そのような状況下、私は聖書を開きました。

すると開かれたページは、「イザヤ書」第三十七章三十五節でした。そこには、こう書かれていました。

「私は自分のため、また、私の僕（しもべ）のダビデのためにこの町を守って、これを救おう」

これを読み終えた私は、不思議に落ち着き、心が定まりました。

「これは神の思し召し（おぼしめし）だ。ならば、どんなに苦しくても、台湾と次の世代のために働こう」

『日台IOT同盟』講談社

「偏差値」に苦しまない

私が台湾で非常に成功したのは、音楽の教育でした。

いま音楽の分野では、台湾から色んな天才が出てきて、世界各国で大活躍していま す。小学校から中学校、それから高等学校、大学には一貫した「音楽教育」を施すた めの特別コースやクラスをつくり、才能のある生徒なら誰でも分け隔てなく外国に留 学できるような道も開きました。いまでも、スカラーシップを受けてニューヨークの ジュリアード音楽院などに行っている若者がたくさんいます。

また、台湾では陶器産業が非常に盛んです。

そこで、陶器の好きな子供は初めから陶器専門の特別クラスを選べばよい、という ようにしてあるのです。

それも、ガラスならガラスのことだけ専門的かつ選択的に学べばいいようにしてあり、なかにはカットグラス専門のコースまで設けている学校もあります。

そういう子供たちは、日本のように全科目の成績を平均的に上げるために必死になって、「偏差値」に苦しむようなことは全くないのです。

もちろん、「政治改革」や「経済改革」なども大切ですが、国家にとって何よりも大事なのは人間なのだから、個性豊かな子供たちがつくる「多様な社会」をつくり上げていくためにも、何といっても「教育改革」がいちばん大切だと思います。

そして、そのさらに向こうには「心霊（精神）改革」がなければならないのです。

『「武士道」解題』小学館

何といっても「教育改革」が
いちばん大切だと思います。

「富める国家に貧しい主人公」ではいけない

民主革命のもたらした新しい秩序が落ち着き、民主政治の運営も日に日に改善されていく中で、政府は公正かつ平等な新社会の構築に着手すべきである。

まず、最初に社会の底辺に分け入り、老人、子供、女性、退役軍人、労働者、原住民、そして身体障害者などの弱者に注意を払い、行政部門に具体的な政策を制定させ、生活条件の向上を図ることである。

しかしながら、社会福祉や経済面ばかりであってはならない。

民主革命による「主権在民」という政治理想の実現に伴い、全国民は国家の主人公としての地位を享受できることを、国家目標として達成させなくてはならない。

台湾社会の隅々には、いまだに第一段階の台湾経験（民主化）の恩恵にあずかっていない人々がたくさんいる。彼らは、経済的劣勢に置かれているほか、民主政治に保障された公民資格に程遠い社会身分を強いられている。

「富める国家に貧しい主人公」という図式は台湾の民主社会では許されない。したがって、全公民には、政治権利の延長にある社会権利として、一般的か、より良い権益と尊厳を保障してやらなくてはならないことを、二十一世紀の台湾の国家発展目標として定める必要がある。

『アジアレポート』46巻350号

台湾のアイデンティティーとはなにか

戦後の台湾は久しい間、中国大陸から渡ってきた国民党政権に統治され、その間、中華世界の伝統的な政治システムである皇帝型権力構造が持ち込まれています。

中国の政治文化はあくまで政権の維持と強化のための文化ですから、法治ではなく人治であり、「公」と「私」の区別は不明確です。「中国化」の政策の下、そのような価値観が台湾人に押し付けられ、その結果、社会には腐敗が蔓延し、人々のモラルも著しく低下しました。

そこで私は総統に就任後、民主改革を推進したのです。

台湾における民主化とは単に自由と民主の問題だけでなく、自ずと台湾のアイデンティティーという問題も招来するものなのです。なぜなら、台湾人は歴史的に自分たちの政権を持ったことがなく、この国の主人公であるという意識が必ずしも充分に育っていなかったからです。

それまで台湾人の国民精神といえば、中国人のそれであると極め付けられていましたが、アイデンティティーを考える上で、当然、台湾人の独自の文化、精神とはなんであるかを振り返らざるを得なくなりました。

『月刊Hanada』2020・10月号

「私」を超越して生きること

政権を取れば「私」化していくような考え方ではダメなのである。

政党同士がお互いに「私は常にあなたと共にいる。あなたは私の右手をとる」という意識を持たないといけない。日本でも、そのような関係性ができていないのではないだろうか。だから、政権や総理がころころ変わるのである。

「私」を超越して生きることは大変難しいことである。

私も苦しんだから信仰を持つことにもなった。信仰という言葉に抵抗があるならば、「信念」と言い換えてもよい。確固たる「信念」を持った指導者が、これからの日本にも台湾にも必要なのである。

だから、財団法人李登輝基金会はこの十年近く、若い人たちに指導者としての能力を高める訓練を行っている。具体的な実践も含めて、孤独に耐える信仰の問題から、何を為すべきかという哲学的な問題まで、多面的に育てている。私のやるべきことは、台湾に指導者が出てくるように、私の持っているものをすべて出し尽くすことだけである。

台湾には、四百年の間に六回も異なる外来政権に統治されてきた歴史がある。ある意味で、それは台湾人民の歴史観が断絶されてきたことでもある。だから、人民の中に「私」という問題が歴史観や死生観に基づいて形成されていない。西田哲学でいうところの「場所の論理」として、つまり単なる「私」を超越して台湾をどうするかと考える人材が必要なのである。

『熱誠憂国』毎日新聞出版

台湾総統に就任したとき

私が総統に就任したとき、周りに味方してくれる人間はいませんでした。まさに四面楚歌——頼れる人も、後ろ盾となる派閥も、軍の支持も、情報機関も、何もありませんでした。

そのため総統の座にいた十二年間、一日として気が休まる日はありませんでした。眠れない日々も続きました。

ただ、私にはキリスト教という信仰があり、この信仰によってずいぶんと救われました。

＊

人間はそう強くなれるものではありません。

足がすくんで谷底に突き落とされる恐怖にかられることもしばしばです。そして、孤独に耐えられなくなり気弱になった人間を奮い立たせてくれるのが信仰なのです。

『日台ＩＯＴ同盟』講談社

台湾人に生まれた悲哀

もう十年以上も前になりますが、一九九四年の春、著名な歴史作家の司馬遼太郎先生が「街道をゆく」シリーズの『台湾紀行』の著作を終えて再度台湾を訪問されました。そのとき、時間を作って私を訪れてくださり、対談が行われました。

私はそのとき家内に、司馬先生との話はどんなテーマがいいかなと話したら、「『台湾人に生まれた悲哀』にしましょう」と家内が言いました。四百年以上の歴史を持つ台湾の人々は、自分の政府もなければ、自分の国というものも持っておらず、国のために力を尽くすことさえもできない悲哀を持っておりました。

一九二三年に生まれた私は今年で満八十四歳になります。そして台湾人に生まれた悲哀を持ちつつも、その一方で外国の人には味わえない経験を持っていることは否めません。

それは生涯の中で多種多様な教育を受けたことです。二十二歳までに受けたのは日本の徹底した基本教育、そして戦後四年間受けた中華民国（台湾）の大学教育と四年間のアメリカ留学です。中華民国の四年間にわたる大学教育も、結局は日本人の教授による日本教育の延長でした。アメリカにおける前後二回の留学は、最初はアイオワ大学大学院へ留学し、二回目はコーネル大学の博士課程へ留学して博士号を得ましたが、いずれも私の専門の農業経済に関する職業的な面での教育でした。

台湾人に生まれた悲哀と言っても、このような多様な教育、特に日本の教育を受けていなければ、現在の私には己の生命と魂を救う基本的な考え方は得られなかったと思います。日本という国の植民地でありながら、台湾は日本内地と変わらない教育を与えられたがゆえに、非常に近代化した文明社会が作り上げられたのです。

『李登輝訪日　日本国へのメッセージ』まどか出版

台湾はすでに独立した一つの国である

私は以前から、「台湾はすでに独立した一つの国である」と言っております。ですから今さら独立うんぬんという必要もないと考えています。台湾は国際法上で判例のない特殊な状態にあります。そうした状態で、台湾の人々に「台湾は自分たちの国だ」という確信がないと誰も助けてはくれません。

台湾人に必要なのは、台湾人としてのアイデンティティーを持つことです。台湾人は自国の歴史というと大陸のことばかりでしたので、私は総統時代に台湾の歴史を編纂した新しい教科書もつくりました。「本省人（戦前からの住人）」、「外省人」という区分けではなく「新台湾人」が一人でも多く育つことが私の願いです。

『週刊東洋経済』２００８・１・12号

「新時代台湾人」として新天地を作り上げる

一九九四年に私が述べた「台湾人に生まれた悲哀」の一言を発端に、国内外から非難を浴びせられた。台湾人が受けた歴史的傷害に理解を示すどころか、さらに傷口に塩を摺りこむという行為に遭って、「台湾人に生まれ、台湾の為に何も出来なかった悲哀」に打ちひしがれるのは、自分ひとりだけだろうか。

遂に根拠のない中傷攻撃に触発され、台湾人は「台湾人に生まれた悲哀」に共鳴し、怒涛の勢いで同情を寄せられた。

旧約聖書・出エジプト記は、モーゼがイスラエルの民をひきいてエジプトを脱出、シナイの広野をへて、神が与えると約束したカナンに入り、建国するという歴史大行動について記している。

私は、聖書の上記の一節を司馬遼太郎氏に話したがために、「自分を、聖書中、イスラエル人をひきいてエジプトを脱出し、建国するモーゼと見なしている」という悪意に満ちた中傷を浴びせられた。

つまり、「出エジプト記」を「台湾独立」に安っぽく政治的になぞらえた、というのである。

彼らは、出エジプト記の脈絡も知らず、つまり、凸凹鏡でものごとを判断するような事実錯誤を犯している。

実は、出エジプト記の核心思想は、エジプト統治からの脱出を描く前半をいうより、イスラエル人が主人公となり、進歩的な文明を築きあげたプロセスを記述する後半にある。これは、まさに「新時代台湾人」が置かれている現在の状況にそっくりではないか。

「新時代台湾人」の「時代性」を理解するには、常に歴史の脈絡を測らなければならない。

「新時代台湾人」の歴史課題は、すでに述べた。先人たちが描いてきた理想を実現させなくてはならない。つまり、民主時代に相応しい新思考と新活力を持って、先人たちから継承してきたこの地で、和気藹々と、公平正義なる民主社会を構築し、麗しき新天地を作り上げようではないか。

ここで暮らす二千三百万の人々は、到着順に関係なく、この土地の帰属意識の強化に賛同し、台湾意識を具体化することに異存がないはずだ。そして、国際的な人権スタンダードに照らしあわせ、我々は自らの政治地位を自主決定し、自由を尊重した経済や社会、文化の発展を図っていこうではないか。

この地に根を下ろしている全ての人々は運命をともにし、真の共生意識に目覚めることによって、はじめて台湾が希望に満ちた新世紀に船出できるのである。

『アジアレポート』46巻350号

台湾には主(あるじ)がいない

私は家内からよく笑われる。「あなたは台湾の総統を十二年もやったくせに、日本のことばかり心配している」と。

確かに日本からのニュースに毎日気をつけている。なぜ日本を気にしているかというと、日本がしっかりしてくれないと、台湾が立ちゆかなくなってしまうからである。台湾を発展させるためには、日本の動向を熟知しなければならないのである。

＊

台湾には昔から主(あるじ)がいないのである。

そこにオランダも来るし、フランスも来るし、元々の先住民もいるし、非常に複雑な中で、中国大陸から来た人間というのは、とにかくその台湾の地でサバイブするのが目的だったのである。だから、当時台湾はまだ国という考え方ではなくて、そこが、まがりなりにも国として存在していた韓国と台湾との大きな相違点といえるだろう。

日本が五十年間、いわば「さら地の台湾」を統治して近代化し、生活のすべてを鍛え上げたから今日の台湾があるのであって、そういうことは他の外国人には分からない。それぞれの地域の歴史的な経緯の中で違いが出てきたということである。

『熱誠憂国』毎日新聞出版

曽野綾子さんとの約束

一九九九年九月二十一日、台湾大地震が起こったのは、台湾総統の任期があと八カ月で終わるときであった。各国から救助隊がやってきたが、真っ先に駆けつけてくれたのが日本であった。人数も多かった。またありがたいことに小池百合子代議士は、仮設住宅の提供を申し出てくれた。

さらに、当時、曽野綾子氏が会長を務めていた日本財団は三億円を寄付してくれた。授与式には曽野氏がわざわざ訪台され、私と会見した。その際に私は曽野氏に対して、もし将来、日本で何か起こったら、真っ先に駆けつけるのは台湾の救助隊であると約束した。

しかし、先の東日本大震災ではその約束が果たせなかった。震災発生直後、日本の対台湾窓口である交流協会を通じてすぐに救助隊の派遣を申し出たのだが、なかなか話がまとまらない。時間を無駄にはしたくないと考えたわれわれは、やむなく日本国内のＮＰＯ（非営利団体）と話をつけて、救助隊を自力で被災地に向かわせることにした。台湾からの救助隊の第一陣が成田空港に到着したのは三月十三日。すでに中国や韓国の救助隊は到着していた。さらに日本に到着してからも、「台湾の救助隊を迎え入れる準備ができない」と外務省にいわれてしまう始末であった。

なぜ、当時の日本政府は台湾の救助隊を受け入れることを躊躇したのか。「台湾は中国の一部」とする中国共産党の意向を気にしたとされる。日本の台湾に対する気持ちはその程度のものだったのかと残念に思った。日本に何かあれば、台湾の救助隊がいちばんに駆けつけるという曽野氏との約束を果たせなかったことは、私にとって生涯の痛恨事である。

『＜新版＞最高指導者の条件』ＰＨＰ研究所

司馬遼太郎さんからの助言

一九九二年十二月、先の憲法修正により、立法院の全面改選が行われた。「万年議員」はすべて退き、第二期新議員百十六名が選出された。台湾の真の議会政治はここに始まったといえる。

前述のように、司馬遼太郎さんが台湾を訪れ、私と対談したのは、まさに台湾の民主化に全身全霊で取り組んでいるときであった。司馬さんは、一九九三年に二回、翌九四年に一回、訪台された。ともに先の学徒上がりの士官として戦火をくぐった仲であった。

司馬さんと話すのはどんなテーマがいいか、家内に相談したら、「台湾人に生まれた悲哀」にしようということになった。「これまで台湾の権力を握ってきたのは、国民党を含めてすべて外来政権である。これを台湾人の国民党にしなければいけない。かつて白色テロの恐怖で、七十代の人間は夜もろくに寝たことがなかった。子孫をそういう目には遭わせたくない」。そんな意味のことを司馬さんに話した。「国民党は外来政権」という私の発言は、国内外からかなりの批判を浴びせられた。

白髪の司馬さんは「李先生、できれば次の総統選挙に出るのはおよしなさい。あなたのためです」と真顔になっていった。私を庇（かば）おうとする善意の気持ちからの発言であることはよくわかった。

日本敗戦後、私は長崎や広島など被爆地をみて回ったが、この国は再生できるのかと思ったものだ。しかし、吉田茂首相をはじめ、戦後指導者のリーダーシップによって、日本は驚異的な復興を遂げた。他方、経済大国として繁栄を遂げていた日本と違い、当時の台湾は「外来政権」の残滓（ざんし）を払拭できていなかった。私には、まだまだやり残したことがある――。結果的に、私は司馬さんの好意の助言に背くことになった。

『新・台湾の主張』ＰＨＰ研究所

改革には理由がある

他の新興民主国家のように、台湾の民主主義は独裁主義政治に対する抵抗から始まりました。

政治改革後の社会にも独裁主義体制の組織は根強くはびこり、政府と政党の権力者は、依然として勝者は何をしてもよいという考えで、他者の意見を無視し、他の地域の利益を考えず、民族の派閥やイデオロギーの対立を深めています。

政治家はよくスローガンを掲げますが、国事を処理する能力はなく、地方の政治経済の発展の遅れ、所得配当の不均等及び各不公平（地域の格差）、不正などの問題を無視しています。

人民は民主主義に不信を抱き、民主運動とその活力を低下させ、民主を維持していく意志さえ失われつつあります。

改革は理由なくして起こりません。改革はつねにすでに利益を得ている者と保守的観念の抵抗に遭います。改革は国民の情熱によって行われなければなりません。

国民は現行の民主体制には改革が急務であることを知っています。しかし、憲法の枠組み改革構想といった高いレベルの話は、一般市民にとってははなはだ遠い問題となり、国民の情熱を仰ぐことができていません。社会的な動きがなければ、改革を推し進めることは難しく、改革を始めることすらもできないのです。

したがって、改革は国民の身近な問題から始めるべきなのです。そして身近な問題の大部分が地方の問題なのです。現在不公平や不正で満ち満ちている地方行政こそが第二次民主改革の理想的な出発点なのです。

欧米の民主政治の発展も中世期に町の自治から始まり、百年の実践を経て、豊かな民主文化を累積し、ようやく成熟した民主国家を構築することができたのです。

『新・台湾の主張』PHP研究所

私たちには「台湾精神」がある

私との対談中、魏徳聖氏はいった。「台湾はほんとうに小さな国なんです。台湾から見れば、日本は大国ではないですか。なぜ日本は台湾を国として公平に扱わないのですか。日本は外国に管理でもされているんですか。かつて日本と台湾は同じ国だった。そして日本人と台湾人は甲子園優勝という同じ目標を抱いたこともあった。そのことをいま、日本人に知ってほしいのです」

司馬遼太郎さんは、明治国家の興隆を描いた大著『坂の上の雲』の書き出しを「まことに小さな国が、開花期を迎える」としている。今日の台湾の国土は、九州より狭く、いまなお人口は明治期の日本に及ばない。国連にも加盟していない。「まことに小さな国」なのである。

しかし我々には、近代化と民主化の過程で育まれた「台湾精神」がある。この「台湾精神」があるかぎり、わが台湾は不滅である。

そして日本の皆さんには、ぜひ「義を見てせざるは勇なきなり」の武士道精神で、台湾の新たな国造りを見守ってほしい。日本は精神文明の面においても、モラルの面においても、アジアのリーダーになりうる唯一の国であることを忘れてはならない。明治維新を成し遂げた日本は、東西文明の融合地として、いまなお台湾が見習うべき偉大な兄なのである。

『新・台湾の主張』ＰＨＰ研究所

政治家の一番の仕事とは

時を待つ、そして国民に訴える。国民の声に耳を澄ます、そして改善を行う。その繰り返しに耐えることが、政治家の仕事に他ならない。民主化は、制度を改めれば終わるものではない。それから先の忍耐強い対応が重要なのである。

このとき政治家にとって必要なのは、かつてのような権威主義的な姿勢を捨てることである。一つひとつの問題を、国民に呼びかけ、さらには政治家が国民にお願いして解決することが不可欠なのだ。政治家に「国民にお願いする」という姿勢がなければ、台湾の民主化は不可能であろう。

『台湾の主張』ＰＨＰ研究所

第4章

指導者について

政治家やリーダーの条件とはなにか

ビジョンを明確に示す

ビジョンというのは、組織が発展する方向であり、組織の未来の理想だ。リーダーは必ずビジョンを明確に示さなければならないが、ビジョンに対してコンセンサスを得ることを忘れてはならないという点を私は強調しておきたい。それによって、ビジョンは全員共通のものに転化し、一人ひとりが理想の目標に向かって努力するように促す大きな力を生み出す。そういうビジョンこそが、組織を動かす大きな原動力になるのである。

『熱誠憂国』毎日新聞出版

私情に流されてはいけない

私が再出馬せずに政権の座から降りたのは、一個人や一党の利益を考えたからではなく、国家の利益を優先させたから。

権力は「借りもの」なのです。

ひたすら権力にしがみつく政治家は愚かで、結局は晩節を汚すことになると思うのです。

一国のリーダーは、このように、国のためにいつでも権力を手放す覚悟が必要です。

さて、リーダーのあるべき姿としてはもう一つ、「私情に流されてはいけない」という点も挙げておきましょう。

たとえば選挙で自らを支持してくれた人には、選挙後に報いたいという気持ちが湧くのは当然でしょう。

しかし、それには限度があります。

選挙は選挙であり、政治は政治と割り切らなければなりません。

また私は、父の友人にさえ無闇に会おうとはしませんでした。父は県会議員を務めたこともあり、地元の人々と密接な関係を持っていました。

私は父に、「誰かを紹介したり、推薦したりしないように」と伝えました。

事実、それまでに多くの人間が、父を介して人事に関し、あるいは公共事業などに関し、とりなしを依頼してきました。

しかし私は、きっぱり拒絶したのです。

父が亡くなる直前、私は、「あれ以来、父さんは誰も紹介してくることはなかったですね。おかげで私は安心して職務に当たることができました。ありがとう」といって感謝しました。

私のこのスタンスは、多くの方から「薄情だ」という批判も受けました。

政治家は、自らの政策を実践するまで、権力や後ろ盾、そして資金が必要になるケースも出てきます。そのために利権争いの渦に巻き込まれることもあります。

すると、最初は国家に忠誠心があったのに、変節してしまう政治家も少なくありません。

私の元に賄賂(わいろ)を持ってくる人もいました。

「こんなことをされたら困る」ときっぱり拒絶しましたが、このように清廉潔白でいられたのも、幼い頃から受けていた日本の教育のおかげでしょう。

『日台IoT同盟』講談社

指導者の条件である「素質」と「能力」

指導者になりたい人間は社会のどこにでもいる。

しかし、指導者の地位に就くことのできる人間は多くないし、指導者の地位に就いて成功を収め、名声を残す者はごく稀である。成功の機会は限られている。それが冷徹な現実である。

指導者の地位に就いて成功できない最大の理由は、やはり指導者の「素質」と「能力」によるところが大きい。

どのような組織においても、その運命の成否を決める最大の要素は、指導者の「素質」と「能力」である。この二つの条件を備える者は、組織を大いに発展させ、自らの理想を実現することができるし、そうでない者は失敗を甘受しなければならない。

また、指導者の条件である「素質」と「能力」は、指導される者が指導者を選ぶ条件において同様である。民主国家の指導者という限定でいうならば、指導される者は、「素質」と「能力」に加えて、「誠意をもって民意を汲む」「個々人の幸福のために長期的な計画を策定できる」「組織全体の幸福と発展を実現できる」という条件で指導者を選ばなければならない。

総じて言えることは、指導者と指導される者の出発点は同じであり、願望もまた同じだ、ということである。

『最高指導者の条件』ＰＨＰ研究所

指導者は未来図を描く

時代の断面を切り取れば、組織や共同体の幸・不幸、繁栄・滅亡は指導者によって強く影響されていることがわかる。

同時に、指導者のもつ力と背負っている条件が盛衰を左右し、興隆と滅亡を決定づける鍵となることが多い。

したがって、指導者は、堅固(けんご)な組織をつくることに努めなければならず、それがなしえて初めて、彼の担う共同体の希望に満ちた未来図を描くことができる。

『最高指導者の条件』ＰＨＰ研究所

「何か」を純粋に信じる

国際政治の主体は国家であるが、各国が自分の国の利益のために権力を行使する限り、国家間の協力関係はごく限られた範囲にしか成立しない。国内の社会では、強制力を持った法を執行することも可能であるが、国際社会においては、強制力を行使することのできる法執行の主体は存在しない。国連にもその強制力はない。

その中で国際政治をうまくやっていくには、どうしても指導者の力量が鍵となるのである。

だから指導者は知識だけではやっていけない。智慧が必要である。

その智慧は、何かを純粋に信じることからしか生まれない。

私が総統の時も中国はミサイルを撃ち込んできたりした。その時どう対応するかは、『聖書』を読んだりしながら、人間の智慧として何をすべきかと考えた。

『熱誠憂国』毎日新聞出版

本物の最高指導者は、孤独

本物の最高指導者は、常に孤独です。国家のために尽くしていても、反対勢力から批判され、メディアから揚げ足をとられ、いわれなき非難、糾弾、誹謗中傷に絶えず晒（さら）される宿命にあります。しかし、この孤独に耐えてこそ本物の最高指導者なのです。孤独に耐えられずに反対勢力と妥協したり、メディアの人気取りをしたりするようになったら、指導者失格です。そして、孤独に耐えるためには、強い信仰が必要です。正しい行いを貫けば、自分を超越した「何か」が必ず助けてくれると信じること。それが、あらゆる困難を乗り越える精神上の原動力になるのです。

『正論』２０１１・11月号

総統になってからは毎日が闘い

一九四五年、私は名古屋の第十軍司令部にいて終戦を迎えることになった。玉音放送も聴いた。

辺り一面、焼け野原であった。

台湾に戻り、学者としてのキャリアを全うするつもりであった私は、ひょんなことから政治の世界に足を踏み入れた。

かくして私は、一介の学者から台湾の最高指導者である総統の地位まで上り詰めたわけだが、総統になってからは毎日が闘いと言っても過言ではなかった。

内には国民党の保守勢力との争いがあり、外には中国との問題があった。

しかし十二年間の総統時代、私が怯（ひる）むことなく、不惜身命（ふしゃくしんみょう）の覚悟で台湾の民主化、本土化に力を注ぐことができたのは、一つは神への信仰があり、もう一つは、生死の境を行き来するような戦時中の過酷な体験があったからといえるかもしれない。

『熱誠憂国』毎日新聞出版

リーダーシップには人材の活用も大切

リーダーシップを発揮するためには人材の活用も大切です。私の周りでも、新聞人にしても学者にしても立派な人がたくさんいた。しかし、そうした中で有能な人材を無駄にした例がある。それは階級だとか人間関係だとかで浮び上らなかったからです。日本でもそうです。国家発展特別局のような部署をつくって、有能な人間に仕事をさせる。実行力をつけるためにきついことをさせる。そうやってリーダーをつくることです。アメリカもイギリスもリーダーは経験を積ませて育てています。日本のように、単に優秀な成績で東大で一番だったとか、法律ばかり覚えて試験のときだけ強いとかではしょうがありません。

『週刊東洋経済』2007・12・29／2008・1・5迎春合併特大号

学者も社会に声をあげるべき

現在の日本は、私からみても非常に堅苦しく、また硬直したものに感じられる。多くの学者の友人たちがいるが、彼らは誰もが勉強家で真面目である。しかし、それは勉強のための勉強にすぎない。現実の社会を見据え、その問題点をはっきり認識し、日本をよくしたいという信念をもって積極的に社会に問いかけていく。そのようなことが学者にも求められるのではないか。大事なことは信念を持ち、行動を起こすことである。

その信念に基づいて少しは社会に向かって声を上げてみるとよい。少しは政治の現実に触れてみればいい。私は日本の京都帝国大学で学んでいた時も、またアメリカのコーネル大学で論文を書いていた時も、一生懸命に勉強したが、同時に、その勉強が台湾にいる同胞にとってどのような意味をもつかという自問自答を、片時も忘れたことはなかった。

しかし、そうした思いは決して私に特別なものではない。私が特に立派というのでもない。日本の場合、明治維新の後の留学生や政治家たちが外国の地に立ったときも、なんとか日本をよくしたいという信念をもっていたのである。さらには、終戦直後の日本人が、外国で母国を思いながら活動を再開したときも、その信念は強固なものであったはずである。

問題は「信念」なのだ。自らに対する信頼と矜持に他ならない。現在の日本の政治的混迷をみるたびに、そしてさまざまな日本社会の停滞について耳にするたびに、私はそのことを思い出すのである。

『台湾の主張』ＰＨＰ研究所

指導者になったら「私」を持ってはいけない

指導者になったら、邪な心を持ってはいけない。

「私」を持っていてはいけない。

ですから、私が信条にしていたのは「私は私でない私（我是不是我的我）」であるということです。

また権力は国民のものであり、仕事をするために国民が貸してくれているものです。仕事が終わったら、国民に返す。そのために、国民がどのように考えるかを頭に入れて判断をすることが大切です。

『月刊ＷｉＬＬ』２０１１・２月号

政治を政治の中だけで考えてはいけない

大変厳しい言い方をすれば、最近の日本の最高指導者は、頭の中に「国家」がなく、「国民のために断行する」という意識が希薄なのではないでしょうか。最高指導者には「強い決意と固い意志」が不可欠です。これが欠けてしまうと、発言や方針が二転三転したり、本来は部下であるはずの側近や党幹部の意向に振り回されたりします。

*

肝心なことは、何のために最高指導者になるのか、あるいは最高指導者になって何をするのか、明確な目的意識があるかどうかです。何としても総理大臣になりたいと思う人が、一生懸命勉強をし、あらゆる政治テクニックを駆使して念願の総理大臣になったとして、何が出来るかといえば何も出来ないでしょう。総理大臣になることが目的だから、そこで終わってしまうのです。しかし残念ながら、日本に限らずどこの国でも、政治を政治の中だけでしか考えられない政治家が多すぎます。

『正論』２０１１・11月号

お役所仕事に風穴を開ける

日本では震災（東日本大震災）後、国内外から集まった巨額の義援金が細かなルールに縛られて放置され、何カ月も被災者の手元に届かなかったそうですが、こうしたお役所仕事に風穴を開けるのも最高指導者の役目ではないでしょうか。

一方、巨大地震に直面して右往左往する指導者たちとは対照的に、一般の日本国民は沈着冷静に行動し、その高い規範意識に世界中から賞賛の声が上がったことに、触れないわけにはいきません。

危機に直面してこそ、人間の真価があらわれます。戦後に教育が荒廃し、日本人はかつての礼儀正しさ、道徳心を失ってしまったとも言われていましたが、やはり、日本精神は息づいていたのです。

私は冒頭、日本は今、再生か没落かの岐路に立たされていると言いましたが、国民にこの日本精神がある限り、いつか必ず再生します。

ただ、常に国家と国民のことを考える本物の指導者が現れない限り、再生の道は遠くなると言いたいのです。

『正論』２０１１・11月号

危機に直面してこそ、
人間の真価があらわれます。

指導者には「深い思考」が必要

物質的な面ばかりを重視する傾向のある現代社会では、携帯電話やスマートフォンで会話やメールを交わし、テレビやインターネットから情報を得るような生活に満足している。

このような生活から、抽象的思考や精神的思考を磨くことは困難である。指導者に強く求められる「深い思考」を養成、維持することはできないであろう。指導者は新しい時代にあっても、伝統的な価値観を捨ててはならない。

哲学者のオルテガは『観念と信念』のなかで、「われわれが所有している世界像の大部分は先祖から受け継いだものだが、それは人間の営みのなかで、確固たる信念の体系として作用している」と論じている。

指導者に求められるのは、まさにこうした視点である。

文化の形成は、伝統と進歩という一見相反するかのように思える二つの概念を、いかに止揚（しよう）（アウフヘーベン）するかといった問題を抜きに語ることはできない。

もちろん、昨日より今日、今日より明日をよく生きたいと願うのは自然な感情である。

しかし、進歩を重視するあまり、伝統を軽んずるような生き方は愚の骨頂である。

『指導者とは何か』ＰＨＰ研究所

なぜ組織集団が戦争を繰り返すのか

トルストイの戦争に対する観察は、前述の「人間とは何か」に対する鋭い見方を示していると同時に、平和についての視点も提供している。

トルストイによれば、歴史上の事件の原因は、人間の理性の及ぶところではない。大勢の人間が殺し合うような戦争の原因を求めるとすれば、それは動物の雄たちが互いに殺し合うような、自然の、動物的法則のためであるとしかいえない。

しかし人間には（そうした太古からの動物的法則に縛られない）自由意志があるはずだろう。だが、そもそも人間の自由意志は、まさにその自由なる意志によって、他人の自由意志に結び付けられている。その束縛がもっとも強い状態を権力というが、なぜそうした不自由が生じるかといえば、逆説的なことに、人間の自由な意志によってなのである。

なぜ人間のつくる組織集団が戦争と平和を繰り返すのか。すなわちそれは、人間の生命原理が「分割」と「結合」を求めてやまないためであり、それらが権力によって互いに結び付けられているからである。

戦争と平和。それは人間が人間であるという、まさにそのために生じるのであって、両者はいわば一体のものなのだ。平和とは、要するに戦争が行われていない状態にすぎないのである。

そう考えれば、単純に「戦争はいけない」というのは無意味なことがわかる。あるいは逆に「戦争はするべきだ」とも簡単にはいえない。人間はいつまでも戦い続けることはできないからだ。いずれにせよ、平和が成立する条件とは、あくまで具体的な状況から探るしかない。

いうまでもないことだが、私は、戦争が起こるのは仕方がない、といった諦観をここで述べているわけではない（後述するように、平和の実現において指導者の責務はなにより重いものがある）。先の「人間とは何か」という省察に基づけば、仮に世界からすべての戦争をなくしてしまうのは難しいとしても、やはり戦争は例外的な出来事であり、世界の大半の人びとにとって平和こそ現実の日常である。実現が難しいのは、あくまで戦争の廃絶であって、平和ではない。

さらにいえば、戦争がない状態とは、いわば政治社会の出発点にすぎないのであって、「平和が一番大事だ」「絶対的な値打ちのある価値である」とすることはできない。「戦争がない状態としての平和」とはごく散文的な現実にすぎないのであって、それは政治的主張のなかでもっとも保守的で、控えめなものである。

それだけでは市民が自由で豊かな生活を送ることは保障されない。

もちろん問題は、どうすればその平和を実現できるのか、という点にある。平和のために、すべての武器を廃絶すべきだと考えることは、実現不可能なユートピア的な平和論にすぎない。しかし、逆に、武器で隣国を絶えず脅さなければ、平和を保つことができないと考えるのは、国家の自衛範囲を超えて、自ら侵略に身をさらすような愚行である。このように平和についての議論は、じつは平和そのものでなく、それを実現する方法をめぐる争いについての歴史なのである。

結局のところ、古今東西の別なく、人類の歴史は異なる組織集団の分離、統合の繰り返しである。歴史の発展とは組織や共同体の盛衰と交代の記録であり、よりミクロに捉えれば、組織を掌握する権力者の盛衰と交代の記録である。時代の断面を切り取れば、組織や共同体の幸や不幸、繁栄、滅亡は、指導者によって強く影響されていることがわかる。

指導者のもつ力と背負っている条件によって組織の盛衰は左右され、その興隆と滅亡を決定づける鍵となっていることが多い。

歴史における指導者の類型を考察すると、重大な決断を下すときの苦悩は、人それぞれといっても過言ではない。

しかし、決断には共通する点がある。それは大事をなすために、素人が及ばない気概と高い自負心をもつという点である。指導者は自らを激しく奮起させ、人びとを導くことで新たな未来を創造するのだ。

『Ｖｏｉｃｅ』２０１４・２月号

国をよくするために積むべきこと

リーダーに求められる能力を持つためには、個人の能力や計算ずくの利害関係を超越した発想が必要になる。

それには能力や利害、駆け引きが通用しない世界を体験しなければならない。それが精神的な修養である。

例えば、私は若い頃、道場で坐禅を組んだり、朝早く起きて便所掃除をするようなことをした。人が嫌がることを率先してやることで、自我を克服しようとしたのである。日本人は皆勉強家で真面目だ。けれども、大事なことはそれを勉強のための勉強で終わらせるのではなく、自分で哲学し、現実の社会を見据え、問題点をハッキリ認識して、「日本をよくしたい」「国民のために尽くしたい」という信念をもって積極的に社会に働きかけることである。

そういう信念や自分に対する矜持を持つには、精神的修養を積むことが重要である。それが最終的に物事の本質を見抜く指導者としての能力や大局観に繋がると私は考えている。

『熱誠憂国』毎日新聞出版

リーダーがやらなくてはいけないこと

リーダーは五十年後、百年後という未来の国のあるべき姿を見据え、遠き慮（おもんばか）りを持って行動しなくてはいけない。

リーダーの示すべき理想と目標は、自分個人の思いや信念に基づきながらも、その域を超えて組織全体の未来と発展に益するものでなければならない。

そして、それはリーダー一人によって描かれるのではなく、組織に所属するメンバーの幅広い参画によって為されることが重要である。

だから、理想・目標を掲げるだけでは、まだ為すべき役割の半分しか仕事をしていないと私は考えるのである。

『熱誠憂国』毎日新聞出版

最近考えている二つのこと

私は、最近考えていることが二つある。

その一つは、いくらコンピューターが発達しても対応できない問題が現実にはたくさんあるということ。芸術など人間の内面を表現することに目を向けたり、その人間精神の根源にある宗教性に気づくことが、ますます重視されるべき時代だと思う。

もう一つは、「人類と平和」の問題である。

戦争に対する平和を考えた時、自由と不自由、個と全体、という問題は必ず出てくるし、国際政治は国家が主体となってくるのである。

つまり、現実世界では、国家を中心に考える指導者が必要である。

だからこそ形而上的な発想を持った人でなければならない。

そうしないと、自由と不自由、個と全体、といった問題に向き合うことができない。
いま、台湾も日本もそのことで迷走しているわけである。

『熱誠憂国』毎日新聞出版

国旗や国歌をないがしろにしない

リーダーというのは本当に難しいものです。

第一に公の心がなければなりません。私心を捨てるということです。

私はその点、小さいころから自我退治に努めてきたのが幸いしたと言えるでしょう。

個人も大事ではありますが、国家はもっと大事なものなのです。

国家は私たちのアイデンティティーを形作っているものですから、国家の威厳とあるべき姿をしっかりと示し続ける必要があります。

確かに日本という国は、かつては軍国主義に走り、戦争を引き起こしたのは事実です。

しかし、その悪い点を変えればいいことなのです。

国家がすべて悪いと、象徴である国旗や国歌をないがしろにしたりするのは問題があると思います。

『日台の「心と心の絆」』宝島社

指導者の条件五つ

あえて指導者の条件をいいますと、まず信仰を持たなければならない。大事なことは信じることです。

第二にはいつまでも権力を握ってはいけない。権力があるからいろんなデタラメなことをやりたがる。

第三は、公と私の別をはっきりさせる。元々日本の武士道では公と私がはっきりしている。公の問題で私のことをやれば切腹しなければいけないんです。

第四は、誰もやりたくないことを喜んでやっていく。

第五は、カリスマの真似をしない。新聞や雑誌でいいことばかり並べて、それで自分がいいことをしたようなことを見せかける。そんなことはやめるべきだ。国民に対してはいつも誠をもって対処しなくてはいけない。

私は日本の国民に直接お話するということはあまりありませんが、今回の東日本大震災において、日本人は世界で一番の礼儀や道徳的な質の高さを示したと思います。あれだけの死傷者が出ても国民がきちんと社会の秩序を守り、自分のやるべきことをやって真面目に努力している。

日本人のよさはそこにあると思います。

ただし日本人はあまりに人がよすぎるから、指導者を選ぶことをもっと真剣にやってほしい。

『ジャパニズム07』青林堂

『暴れん坊将軍』こそリーダーの姿

日本のTVドラマに『暴れん坊将軍』があります。

松平健さんが演じる八代将軍・徳川吉宗が身分を隠して城下町を歩き、人々の悩みに耳を傾け、揉めごとを解決するという筋書きで、台湾でも放映されて人気を博しています。

実は私も大ファンで、午後四時、六時、八時に放映されるので、一日に三回も観ているような日々です。もちろんフィクションだということは承知していますが、この「暴れん坊将軍」こそ、リーダーのあるべき姿です。

指導者が中央に座ったまま、官僚から上がってくる報告だけを元に判断していたのでは、一般市民が本当に求めていることとズレが生じてしまいます。

台湾の九二一大地震のときも、現場の声が中央に届かず、また中央からの指示が現地まで届いていないことがしばしば起こりました。

台湾に限らず、どこの国でも、中央政府と地方政府が必ずしも円滑に連携できるとは限らないのです。

ことに災害時なら、なおさら現場は混乱しているので、私は地震発生後三十日のうち二十一日は現地で指揮を執っていました。この判断は間違っていなかったようです。現場の混乱を収めるには、強いトップダウンの指示が必要だからです。

たとえばこんなことがありました。

救援活動が一段落すると、今度は被災者たちの生活が問題になってきます。とりわけ災害が大きくなると、仕事そのものを失ってしまう人々も多くなるものです。そこで、被災した方々に、道路の復旧作業や清掃作業に従事してもらうことにしました。ところがそこで「お役所」の壁が立ちはだかりました。中央政府の労働部が、工会（労働組合）の組合証を持つ者にしか仕事を与えない、などと言い始めたのです。

被災地は農村地帯……労働組合などあるわけがありません。私は即座にそのような規則を撤廃させました。しかし今度は、その指令が現地にうまく伝わっていかないのです。

現地へ行くと、誰も仕事をしていない村がありました。その理由を村長に聞くと、

「ここには労働組合がないので、組合員ではないから、仕事をもらえないのです」

と訴えてきます。

そこで中央から派遣されてきた官僚を問いただすと、

「組合証がなければ仕事はさせられません」

……つまり中央に出した命令が地方まで伝達されていないのです。私はすぐに台北に電話して、命令を徹底させました。

こういうことは、他にもたくさんありました。

たとえば地震への対策費として中央政府が二千億ドルを拠出することを早々と決定したのはよしとしても、その復興資金が地方に届くまで、一～二カ月もかかるのです。東日本大震災のときも同様のことがあったと聞いていますが、そのまま放置していたら、地方自治体は被災地の村々に対し何の対策も打てません。そうしたことにも迅速に対応していくわけです。

それをいちいち現場から指示する。これは現場にいなければできないことでした。

緊急時には、指導者は的確な判断を下し、強いリーダーシップとトップダウンで、現場に介入していかなければならないのです。

『日台IoT同盟』講談社

権力は「借り物」に過ぎない

最高指導者は「権力」をはき違えてはなりません。

民主国家において権力とは、国民から一時的に付託された「借り物」に過ぎず、政治家は国家のために、いつでも権力を手放す覚悟が必要です。

この「借り物」の権力を私物化し、それにしがみつこうとすれば、国策を大きく誤ります。

一九九二〜九四年の憲法修正議論の際、総統選挙を国民による直接選挙にするかどうかで紛糾した時が、最大の正念場でした。

当時総統であった私は、直接選挙など導入しない方が易々と権力を持続できたでしょう。しかし国家のためには、台湾を民主化させる憲法改正が不可欠です。

国民党内部からは猛烈な反対論が巻き起こりましたが、私は最後まで主張を変えませんでした。

この時の私に「強い決意と固い意志」がなかったら、台湾は今日のように民主化されていなかったかもしれません。

『正論』２０１１・11月号

第5章

信仰について

神がくれた心の強さ

私はクリスチャン

私はクリスチャンです。

聖書の強調する愛と公義の精神が信仰のすべてであり、主イエスは常に私とともにあるというのが私の考えでした。

信仰について一言述べたいことは、信仰は機械的論理の因果でなく、人格的感情のセンス（判断・感覚）が大事であるということです。

カリスマ的信仰の根本的センスは、理屈ではなく、情動、情緒から発します。浅い表面意識や理性の判断よりも、信仰はもっと深層意識の発露がなければなりません。


『李登輝訪日　日本国へのメッセージ』まどか出版

キリスト教という強烈な信仰

新渡戸稲造は敬虔なクリスチャンでもあった。

彼が学んだ札幌農学校ではウィリアム・クラーク博士の「物質的な発展や近代化も必要だが、国づくりの根幹はあくまでも人間にある。それゆえに、最も重要なのは人間の精神的な成長や発展である」という固い信念を下地にした倫理教育が施され、それに感化された新渡戸は当然のようにキリスト教の洗礼を受けた。

かくいう私もクリスチャンである。一九八八年一月、蔣経国総統の突然の死去によって、台湾の総統に就任してからの十二年間、一日として気の休まる日はなかった。私には頼れる人も、後ろ盾となる派閥も、情報機関や軍の支持も一切ない。

ただ、キリスト教という強烈な信仰があった。この信仰によって、あらゆる困難を排除し、台湾の民主化を成し遂げる信念を持つことができた。

私がつねづね「指導者は信仰をもたなければならない」と主張する理由はここにある。強い信仰をもたなければ、あらゆる問題に恐れを生じ、それを突破することに躊躇が生じる。指導者の信念を支える原動力は信仰にほかならない。

『新・台湾の主張』ＰＨＰ研究所

信仰は理屈ではなく情動

後藤（新平）は「人の世話にならぬよう。人のお世話をするよう。そして報いを求めぬよう」という「自治三訣」を提唱していましたが、その人間像は他の日本の政治家には見られない独自の精神性を持っています。

これは普通の論理ではない形而上学的な信仰があるのです。後藤の信仰は私は知りませんが、言動からは強い信仰を持っていることがうかがえます。信仰のセンス（判断、感覚）は理屈ではなく情動、情緒です。私はクリスチャンです。後藤に私が強い精神的なつながりを感じるのは、そうした強い信仰を持っているからです。後藤は私にとって精神的な導きの師でもあるのです。

『週刊東洋経済』２００７・12・８号

最後に残るのは人間の価値

インターネットでも、また漫画でもありえないようなことが載っている。空想でつくられたものが、実際の世界であるかのように映画館とかテレビでわれわれの前に出てきている。若い人はこうしたものしか見ないから、そこに興味を持っている。

このように混乱した状態にある世界が将来どうなるか、気掛かりです。

そこで私は最後に残るのは人間の価値と道徳だと思っています。その道徳を支えるのは宗教です。政治家であった私が信仰の重要性を説くのは、こうした理由からです。

『週刊東洋経済』2007・12・15増大号

私は最後に残るのは
人間の価値と道徳だ
と思っています。

昔の考え方では問題を解決できない

私が総統だった十二年間、台湾は奇跡の経済成長を成し遂げましたが、もはやそのとき有効だった公理は通用しないのです。グローバリゼーションの進展、労働力の過剰、戦争、テロリズムなどの出現で、既成の前提条件がすべて変わりました。昔の考え方では問題を解決できない時代になったのです。

どうしたらいいのでしょう。

結局、人を変える、若い、新しい人に変える、ということしかないのです。そして指導者は、個人の弱さを知り、弱い心をどうしっかりさせるか、そして私利を忘れ、ひたすら人民のために何が大切かを考える、それには自分自身の信仰が必要です。

『月刊日本』２００４・４月号

儒教からキリスト教へ

死生観の上から言えば、儒教には「死と復活」という契機が希薄で、物事を否定するという契機がありません。

だから儒教は「生」に対する積極的な肯定ばかりが強くなるという危険を孕むもので、善悪を定めた道徳でありながら、死生観をはっきりさせていないため、人間個々の生きる意義と、そこに建てられる道徳との間にかなりのずれが生じているのです。

儒教は「文字で書かれた宗教」とも言われ、所詮は科挙制度とともに皇帝型権力を支えるイデオロギーでしかなく、人民の心に平安をもたらすものにはなりませんでした。

そのようなものを大切に推し戴いてきた中国人は、結局空虚なスローガンに踊らされ、それで満足してしまう、あるいは面子ばかりにこだわり何の問題をも解決もできないばかりか、かえって価値観を錯乱させてしまうわけなのです。

新渡戸先生はクリスチャンです。彼は士族出身でもあり、儒教的な教養を積んできたわけですが、結局は儒教における死生観の不在から、キリスト教に道を求めたのではないかと思います。

『月刊Hanada』2020・10月号

後藤新平の教え

私が子どもの頃、父親は地主で、しかも組合員もやっていた。祖父はお茶畑を持ってお茶を作りながら、同時に保正（村長）でもあった。清朝統治時代から続いてきた集落の自治である保甲制度は、十戸で「甲」を、十甲で「保」を編成するものであるが、役員として、甲には「甲長」が、保には「保正」が置かれた。この制度は、日本統治時代になっても台湾総督府民政長官だった後藤新平が、そのまま存続させたわけである。

後藤新平は後に、江戸の人民が主体的に自分たちの暮らしを維持していた制度を、東京市に復活させる考えを持っていたり、医者として生物学的見地から人間生活を捉えたり、人間に無理のない社会構造を考えた人であった。

話は脱線するが、その後藤新平の信仰は何だったかというと、おそらく「天皇」もしくは「国家」だったのだろうと推察する。だからこそ、第四代台湾総督の児玉源太郎から片腕として信頼され、あれだけのことをやることができたのである。私はクリスチャンであるが、強い信仰心を持って事に当たっていくという意味では、後藤新平は私の先生であるといえる。

それはそうとして、私は地主の家に生まれたので、近所の小作人たちがいろいろな物を持ってお願いにやって来るのをいつも見ていた。「田畑を使わせてくれ」と哀願していた。それが十歳くらいの私には、とても不条理なことで、正義のない世の中の姿として映った。

『熱誠憂国』毎日新聞出版

自分の「神」を探し求める

人間は、親や周囲の人たちに育てられながら、自然発生的に「私は私」という自我に目覚めていく。しかし、時として自我は暴走し、傲慢になり、周囲の目にはわがままと映る。私は、わがままと同じレベルの低い自我を退治し、自ら自覚する私、自分、というものを求めてきた。

学徒出陣で戦争にも行った。東京大空襲にも遭った。理論的に考えるだけで生きてこられたわけではないのである。鈴木大拙の本や『臨済録』をよく読んだのは、そうして生きている自分を見つめるためであった。読んだどころか、その教えを実践した。特に、『臨済録』の「赤肉団上に一無位の真人有り、常に汝等諸人の面門より出入す。未だ証拠せざる者は、看よ、看よ」（お互いのこの生身の肉体上に、何の位もない一人の本当の人間、すなわち「真人」がいる。いつでもどこでも、お前たちの眼や耳や鼻などの全感覚器官を出たり入ったりしている。まだこの真人が分からない者は、はっきり見届けよ）という一文の「無位の真人」とはいったい何なのか。それを自分で確かめようとしてきた。唯心論的にはそうして自己の探求と研鑽をすればよかったのである。

ところが、戦争、そして戦後の世の中を見ると、そのような自分の問題とはまったく関係がないわけである。広島に原爆が投下された状況も見た。長崎にも行った。そして人間は心が大事だけれど、やっぱり肉体や物質も確かにあると思ったのである。いくら心、心といっても、肉体がなければ、心も伴わない。それが分かり、唯心論者の私が唯物論を研究するようになるのであった。マルクスもエンゲルスも勉強した。資本主義の問題点や、台湾が開発途上になっている根本的な考え方の問題など、それらを理解するのに『資本論』などはとても役に立った。

しかし、そういうことが分かったところで、心は満たされない。どうしても空虚になってしまう。私も三十歳近くになっていた。

その頃台湾では、二・二八事件をきっかけとして、言論や行動の自由を弾圧する「白色テロ」の時代が続いていて、共産主義の思想を持っていたりすれば、どうなるか分からない時だった。

私は、結婚して子どもがいたが、そういう台湾の開発発展を考えて、中米基金奨学金によってアメリカのアイオワ州立大学大学院へ留学し、農業と経済を中心に学んだ。そして台湾へ戻っても、相変わらず政治的には不安定で、私の気持ちも空虚なままであった。

私は、自分の「神」を探し求めるしかないと考えた。人間は、すべての生命の根源としての神と出会うことによって、個として生きつつ、すべての生命と共に生きることを許されているわけである。科学的意識だけでなく人間としての内務的意識を併せ持つためには、この「神」というものを形而上的に人間は求めていかざるを得ないのである。

それにはいろいろなかたちがあるだろう。指導者には絶対的なものとしての「信仰」が必要である。前述の通り、私の場合にはそれがイエス・キリストになるわけである。

『熱誠憂国』毎日新聞出版

信仰は本当の力になる

信仰を持つことは、それが本当の力になるからである。知識も信仰によって智慧になるのである。そういうことをはっきりと考えさせる本にも出合った。中村雄二郎先生（哲学者・明治大学名誉教授）の『哲学の現在―生きること考えること』（岩波書店）である。副総統時代には、この本を私自身で中国語に翻訳した。

なお、科学的意識というのは、医学的なことをたくさん知っているお医者さんにたとえられる。一方で、それぞれの患者さんに臨床の場で対応するのは看護師である。これが内務的意識である。両方が必要なのである。科学では物と物との関係は説明できても、物と人間の結びつきを語ることは不可能である。脳の働きは科学的に解明されているが、それでも「なぜそのような働きになるのか」は科学では説明できない。

しかし、人間の営みは必ず科学的意識と内務的意識に左右され続ける。簡単に言えば、前者は知識で後者は智慧である。だから、この二つを結びつけるための何かを探さなければいけない。

一九六〇年に始まった越南戦争（ベトナム戦争）の時、私はちょうどアメリカにいたが、アメリカの学生たちは戦争反対の運動を起こしていた。なぜ彼らがそういう行動を起こしたのか。私が考えるには、それまで科学的な思考や認識論による理性によって発展してきたものへの反発だろうと思う。ある意味での哲学的な転換が生まれたのである。理性だけで対処できない感情や心の行間、つまり内務的意識であるが、それをきちんと受け止めることが必要だと人々が考え始めたわけである。

『熱誠憂国』毎日新聞出版

人生は一回きりだから……

人生は一回きりであり、来世はありません。

いわゆる「輪廻」も、私は自己満足に過ぎないと思っています。

つまり、「意義ある生」をより肯定すべきだと思います。

なぜなら「生」と「死」は常に表裏の関係だからです。

全ての原点を哲学に置き、すなわち、「人間とは何であるか」というところから出発しています。

「人間とは何か」、また、「自分とは何か」という哲学的命題から出発し、自己を啓蒙していけば、人格と思想の形成が促されます。

死への理解を踏まえたうえで、初めて肯定的な意義を持った「生」が生まれるのです。

しかし、確固たる自我のない自分は、誰が引き継いでくれるでしょうか？

これは神にすがるほか答えが出ないと思います。

『日台の「心と心の絆」』宝島社

最も偉大なものは「愛」の一字

ここ数十年このかた、商工業の発達によって社会は進歩し、人びとの物質的生活水準も非常に向上しました。一方、人の心や精神にも昔とは大いに違った変化がみられます。わが国に限らず、アジアにおいても、あるいは世界全体にも、社会の荒々しい気風が次第にはびこりつつあるようにみえます。なぜでしょうか。歴然としていることは、「愛」の心が欠けているためであります。

個人的な体験や聖書の精髄からみても、その中で最も偉大なものは「愛」の一字であります。コリント前書第十三章の「愛」に関する解釈は最もすぐれており、その中では「愛」は寛容であり……愛は誇らない、高ぶらない、不作法をしない、自分の利益を求めない……愛はいつまでも絶えることがない」と説明されております。

民国六十七年（一九七八年）、私を台北市長とするとの政府発表があったその日、新聞局での記者会見で、私は「誠、公、廉、能」の四文字をあげ、これをもって人に接し、事に当たるとの基本的態度を述べました。民国七十年（一九八一年）十二月に私が省政府にまいりました最初の日の引き継ぎの式典でも「誠、公、廉、能」の四文字をもって省政府の全職員とともに努力すると申し上げました。

実は人間がもしコリント前書に説かれているとおり、「誇らない、高ぶらない」を実行できれば、それがすなわち「誠」であり、「自分の利益を求めない」ならば、それは「公」であり、「不作法をしない」ならば「廉」であり、また「寛容であり、いつまでも絶えることがない」ならば、すなわち「能」であります。要するに誠、公、廉、能の四文字は、すべて「愛」の中に含まれているということです。

『愛と信仰』早稲田出版

人間を超える偉大な存在

信仰というものは知的に分析するものではなくて、信じるということ自体が重要なのだと思います。カントも実践理性と純粋理性について言及していますが、実践することには理屈がつかないのです。見えないから信じないというのはおかしいのです。

昨今の科学は実証主義ですが、実証できないからと言っても、必ずしもないとは言えません。今、科学的に正しいと言われていることが、必ずしも正しいとは限らないのです。ニュートンはリンゴが天から落ちると言いましたが、宇宙ではふわふわと浮かんでいるではありませんか。昔は分子や原子のこともわからなかったのに、今はDNAやゲノムについて述べるようになりました。人間の考え方などというのは常に変わっているものです。

自然科学も社会科学も同様で、実証主義は結構ですが、それが通じる範囲は限られているということを知らなければなりません。つまり、科学というものは限られた範囲について捉えた局部的な見方でしかないということです。だから、神は見えないから信じないということはおかしいのです。人生にはわからないことがたくさんあります。魂の重要性、肉体の重要性、人間を超える偉大な存在があるのを知ること自体が重要なのだと思います。

『日台の「心と心の絆」』宝島社

自分の信じる神に祈る

私は総統在任中、妻や息子の嫁、孫娘と一緒に淡水の近くの観音山に登ったことがあります。

大変苦労して一キロ前後の坂道を登り、ようやく山頂に着くと、そこは大変狭く、四方はすべて険しい崖でした。そこに立って周りを見わたすと、じっと動かないでいても、自分が非常に危険な場所にいることを感じ、恐怖で思わずぞっとしました。

もちろん、こういった場所では自分自身以外に頼れるものはありません。総統になるというのは、まさに観音山の頂上に立っているようなもので、誰も助けてはくれません。

そうした時に気力や勇気を与えてくれるのは、我々が信仰する神だけなのです。それがどのような神かは関係ありません。
私はクリスチャンなのでイエス・キリストを信仰していますが、他の宗教を信仰しているなら、自分の信じる神に祈ればよいのです。

『日台の「心と心の絆」』宝島社

自分の力を発揮するには

人が自分の力で生きるには、自らの信念や心の弱さを充分理解する必要があります。そして、これらを理解するためには信仰が不可欠なのです。私は神と政治を結び付けたいわけではなく、ただ、心の安寧を求めて神を信仰しているのです。自らの倫理観を貫き、能力を十分に発揮するには、信仰がぜひとも必要です。何か決断を下すとき、自己の存在を超越した何かを常に意識することです。こうした意識は自分の力を十分に発揮するためにとても重要です。

指導者はしばしば打撃を受け、また多くの辛い思いもします。このため、強い信仰が必要なのです。私の経験から言えば、政治において、信仰は唯一の助けとなります。

『日台の「心と心の絆」』宝島社

人が自分の力で生きるには、
自らの信念や心の弱さを充分理解する
必要があります。

台湾と次の世代のために働こう

蔣経国総統は、権威主義などとも評されているが、実は、台湾の民主化を真剣にお考えになっていたのではないかと思う。彼は糖尿病を患っていて、一九八八年一月十三日に亡くなった。そして憲法に従って、私が総統に就任することになったわけである。

ところが、私はその夜、まったく眠れなかった。私にも私個人の理想というものがあり、昔から持っていた。しかし、当時の国民党勢力の中で単独でそのようなことを軽々しく公言できるわけがない。「謙虚」「冷静」これを忘れて、「私は私である」という考え方では政治はできない。

それで私は家内と一緒にお祈りをした。こういう時にふさわしい言葉を神様は何か言っていないかと『聖書』を開いた。そのページは「イザヤ書」第三十七章三十五節で、そこにはこんなことが書いてあった。「私は常にあなたと共にいる」「あなたは私の右手である。あなたはあなたの訓示によって私を引導する。以後、必ず私を名誉のあるところへ連れていく」。

これを読んで、私の心は定まった。「これが神の思し召しならば、どんなに苦しくても、台湾と次の世代のために働こう」と。

『熱誠憂国』毎日新聞出版

私を助けてくれるもの

信仰において、どのような神を信じるかは、人それぞれである。私はクリスチャンとして、『聖書』の強調する愛と公義の精神が信仰のすべてであり、主イエスはつねに私と共にあると考えているが、他の宗教を信仰しているならばその神に祈ればよい。いずれにせよ、人が「自分の力で生きる」には信仰が不可欠であり、個人のレベルでは神を信じることは大切だと思う。

このようなことを述べるのは、神と政治を結びつける意図があってのことではない。宗教と政治を結びつけるのは中世の話で、現代では両者を切り離さなければならないことは当然である。ただし、昨今の政治における欠陥として、指導者が「政治を政治のなかでしか考えていない」という問題があるように感じる。

信仰なりフィロソフィーなり、政治を超えたところにある「何か」を自分の内にもたず、政治を行う。そのために、使命感が希薄になり、実行するエネルギーも弱くなるのではないだろうか。

自己の存在を超越した「何か」を信ずることは、あらゆる困難を突破する際、精神面で唯一の助けになる。「自己を離れた存在」が私を助けてくれると信じていれば、どんな事柄であれ、恐れずに処理できる。自らの倫理観を貫き、能力を十分に発揮するうえでも、信仰の存在は大きいのである。

『最高指導者の条件』ＰＨＰ研究所

私が「神を求める」三つの理由

私に「わが神を求める」よう仕向けたのは次の三つの理由であります。この三つの理由とは、社会生活の不公平を目の当たりにしたこと、「自我」が混乱したこと、生死の問題であります。

一、まず社会生活の不公平ですが、人は七、八歳ごろから対外的な認識が始まります。これが人の思考の第一歩です。外への社会観察が始まりますと、美しい景色以外に社会生活の不公平も目に入るのです。ある人は懸命に働いても、三度の食事すら満足に得られないのに、ある人は働かなくとも快適な生活ができるのはなぜか。大きな権力を持つ人が権力のない人を押さえつけたり、ある人は生まれてきた途端に高い地位につき、ある人は逆に低い地位にある、などがそれです。こうした不公平現象を目の当たりにした時、常に私の気持ちは揺れ動き、十何歳かになると、社会生活はなぜこうも不公平なのかと、しばしば思うようになりました。

二、「自我」の混乱についてでありますが、歳を重ね、十五、六歳になると、「自我」の混乱に直面するようになりました。当時、自分は何とも大したものだと、えらくおごり高ぶるようになり、学校では友だちとも仲良くやっていけなくなったり、家に帰ってからは両親と言い争ったりしました。こうした問題が起きますと、なぜ自分は聞きわけのない子どもなのか、なぜ「自我」がこうも強いのか、と自問もしてみました。自分の意見をとことんまで通そうとするのは、すべて「自我」の混乱であります。

三、「生死の問題」。私は十七、八歳のころ、身内を亡くし、生死の問題はそこから始まりました。人はなぜ死ぬのか、人が死ぬとすれば、なぜ生まれてくるのか、人が生きている目的はどこにあるのか。これらの問題は私の心の中に長い間疑問として残されたのですが、全く理解するすべがありませんでした。

「ファウスト」の言葉に次のようなものがあります。

「前回、私の目の前に現れた事象は、この目ではっきりと見えなかったので、それはいったい全体何であるのかわからなかった。しかし、今度現れたら必ずはっきりと見きわめ、何とかしてそれを知り、何ものなるかを理解したい」

この言葉は私にとって、人を認識するという意味から非常に重要だと思われたのです。

人間は成長するに伴い社会的不公平、「自我」の混乱、生死の問題という三つの問題に直面し、それがいつの間にかわれわれに影響を与えております。私自身も常に、この問題を真剣に研究し、思考を重ねてきました。

もともと私はキリスト教徒だったわけではありませんが、いろいろと違った面からこの三つの問題を検討してみました。社会の不公平問題については、個人の力など、たかがしれていて、説き明かす能力はないと思われたこともあって、せいぜい同情心から不公平を見るにとどまりました。幼少のころの家は小地主であり、暮れともなると小作人たちは鶏やアヒルを贈物として持って来ます。目的は来年も引き続き耕作をさせてほしいということにあります。

当時、こうした光景を見て心の中には同情する気持ちが湧いてきたものですが、現実にはいかんともしがたく、ただ小作人が帰る時に何がしかの品を持たせるしかありませんでした。

歳をとるに従い、個人としての自我意識は強まる一方でしたが、また、傍らではこの自我は抑えつけるべきだと考えたすえ、禅を学び、苦行によって自己を鍛錬し、錬磨による自己変革を期待したのです。

結果はやはり自己を変えることができませんでした。自我も抑えつけられません。十七、八歳になると、生死の問題について、人は死後どこへ行くのか、永久に生き続けられないのか、といった問題がもう一つはっきりしなくなりました。

そのころ読書に夢中になり、書物の中から答えを求めようとしたのですが、結果はまたも問題解決に至りません。こうした状態はおよそ十数年の長きにわたって続いたのです。

私は次第にある非常に重要な問題に気付き始めました。それは私には何ものかが欠けているかもしれないが、しかし、いったい必要なものは何か、が依然としてわからないのです。そこで私は神を探すことにとりかかりました。神が存在するのかどうか、真剣になって探しました。当時は台湾大学の教師であり、時間にも比較的、余裕があったので、週に五日は教会に通ったのです。台北の教会という教会にはみな行ってみました。

しかし、説教を何度聞き終わっても神の存在を感じることができません。精神的に満たされたという感じはなく、心は依然空虚でした。当時は、生物学の知識をもってして、マリアが結婚もしないのにイエスを生み、イエスは死後三日で復活するというのは実際信じられないことでした。

私は、人間の立場から神を見ようとし、人間の観点から神を理解しようとしているところに問題のカギがあることを発見したのです。哲学の論法をもってすれば、「形而下」から「形而上」を理解することです。キリスト教の論法によれば、聖霊と神の合一が必要であり、もし、聖霊と神の合一がなければ、信仰を生むことは不可能なのです。


私は一つの教会に三年続けて通いましたが、やはり信仰を生むに至りませんでした。信仰の門は、こんなにも入るのがむずかしいとは思いもかけなかったのです。

前にも申しましたとおり、その後私は納得できたのです。なるほど私は「自分自身」によって神を理解しようとして結局は理解するに至らなかったのです。「自分自身」は

「霊」と同居しているわけではなく、信仰は「霊」の分野の中にあるのに、私は生物学の観点からばかり「霊」を見てきたところに問題があったのです。

ある日、私は牧師に「明日、洗礼を受けたいのですが」とお話したところ、牧師は承知して下さいました。その時になって初めてわかったのです。それは、もし、一粒の麦が死ななければ、どうして、もっと多くの麦が実を結ぶことができようか、ということでした。以来、私は生命の存在、霊の存在が理解でき、霊によって神を理解することができるようになりました。救いを得ることの第一歩は霊を理解することであり、然るのちに霊をもって三つの問題をみれば、これらを解決できるのです。

社会生活の不公平は、制度が悪いことから出てくるものですが、では徹底的な制度の改革をやればよいのでしょうか。

私はそうは思いません。主を信じてからの私は、大きな溝は徐々に埋めてこそ問題を解決できると考えるようになりました。ルカ福音書第十六章の「金持ちとラザロ」の物語でイエスは、人類は最高目標をたて、常に願っている平和を追求しなくてはいけないことを、われわれに教えています。すなわち、イエスを信ずるすべての人は、主の内なるものと完全合一し、一体化することであり、ここにおいて一切の大きな溝は埋められるのです。

アモス書第六章には「自ら象牙の寝台に伏し、長椅子の上に身を伸ばし、群のうちから小羊を取り、牛舎のうちから子牛を取って食べ、琴の音に合わせて歌い騒ぎ……鉢をもって酒を飲み、いとも尊い油を身に塗り、ヨセフの破滅を悲しまない」とあります。この話は、ただいま述べた社会制度の不都合が、われわれの心の中に大きな溝を作っていることを教えているのです。

主のお話はわれわれに溝をいかにして埋めるかを語りかけ、「キリストは人と人との間のこれ以上の不一致をなくし、隔りを除き、塀を取り払い、溝を埋めて、人すべてにイエスを信じさせようとする」のです。

この話は中国大陸において立証ずみです。共産党は大陸において中国の伝統ある社会、文化、制度の一切を徹底的に破壊することによって、マルクス・レーニン主義の共産社会を樹立しました。しかし、結果は問題解決になったでしょうか。国民の要求を達成できたでしょうか。答えはノーです。

制度の徹底的破壊によって問題を解決できるでしょうか。それは大変むずかしいことです。なぜなら、もともとの制度下にあった人が依然存在し続けており、彼らは制度が変わったがために変わるものではないからです。

問題は人の心にあり、決して政治や経済にはないのです。これは一見、現実の世界とは無関係のようですが、人の心こそ社会政策推進の基礎であり、基本的動力なのです。制度と人心とはともに重要ではありますが、もし人の心が変えられないとすれば、生活の改善も不可能であり、社会を改革するすべもありません。最もよい証拠はただいまふれた中国です。彼らは社会、経済制度の大変革を行いましたが、人の心は変わることなく、結果的には何一つ得るものはありませんでした。

『愛と信仰』早稲田出版

目的を持ってはいけない

一般に人は奉仕のあと、常に結果を知りたがるものです。

——相手は大いに喜んでくれただろうか。だれか表彰してくれるだろうか。新聞、雑誌、テレビは放送するだろうか。

こうした雑念を持てば、奉仕は目的を持ち、条件付きなものへと変わってしまいます。

奉仕の結果について、だれよりも自分自身が関心をもつのは、元来がきわめて自然なことであります。

しかし、われわれキリスト教徒はそうあってはなりません。

われわれはどんなことをするにしても、大小にかかわらず、懸命に努力し、立派にやり遂げることを求め、自らに問うて恥じることなく、心の安らぎが得られさえするならば、結果がどうであれ、自然の成り行きにまかせて神の思召しに従えばそれでよいのです。

『愛と信仰』早稲田出版

奉仕の作法は結果を考えないこと

ローマ書第十四章二十二節は「自ら良いと定めたことについて、やましいと思わない人は幸いである」と言います。われわれがよいと考え、当然やるべきことならば、全力をあげてやらねばならないし、人の批判を受けることを恐れ、あるいはその他の理由から尻込みして前に進まないということであってはいけないという意味です。聖書はまた「人に接するに寛大で、行いが公正であれば物事は必ず順調に運ぶ」と教えております。当然やるべきことについて、その動機が純粋でありさえすれば、時間に従って全力を傾注して行ない、結果をとやかく考えないこと、これこそ本当の奉仕の作法であります。

『愛と信仰』早稲田出版

生きる意味を探索する

強まる自我を退治するために、私は禅に凝っていきました。座禅を組んだり、寒い中、川に飛び込んだりするなど、修行のようなこともやりましたし、早朝の奉仕活動もやりました。なるべく人が嫌がることをしようと便所掃除などもよくやりました。そうすることが自我を治めるのに役立つと感じ、私はそれらを好んでしたのです。

禅について書かれた鈴木大拙先生の本を読み始めたのもその頃です。そこでより根本的に、なぜ人間は死ぬのかという問題にもつき当るようになってきました。人間は死んだら一体どうなるのか。生きる中で自分は何をなそうとするのか。人間が有限であるということを理解し、生きることの意味を禅を通じて探索していきました。

『日台の「心と心の絆」』宝島社

第6章

家族について

家族のためになにができるのか

十二歳の頃、家を出る

十二歳の頃、私は家を出た。

それまでは兄弟が少なかったので、食事の際、母が家で商っていた豚肉の一番いいところを私の目の前にどっさりと盛ってくれたり、膝の上に抱き上げたりと私のことを溺愛していた。

しかし、私は母の愛情には感謝しつつも、このままでは自分がダメになってしまう、自分がなくなってしまうような気がして家を離れなければならないと決心したのだった。

とはいえ、これほど愛する息子が家を出るなどと聞いたら母はきっと悲しむだろう。

そこで私はいろいろと考えた。

そして母に「この三芝の田舎にいてはきっと中学校の試験に受からないだろう。だから淡水の街へ出て勉強したい」と相談したのである。

そして私は家を離れることになり、最初は先生の家で、居候することになった。居候の身では、自分の家と同じように振る舞うわけにはいかない。

まさに「居候、三杯目にはそっと出し」を地でいくような生活を経験したことで、他者との関わりというものを学んだ。

『熱誠憂国』毎日新聞出版

居候を選択する

十二歳だった私が家や家族というものから分離し、居候という共棲を選択したことは、人間としての本能的な選択だったともいえるだろう。

こうした人間の自己形成にあたって、人は二つの根源的衝動と取り組まなければならない。すなわち、共棲的環境からの「分離」への欲求とともに自分を守ってくれる対象に近づこうとする「結合」への欲求である。

そして同時に自由と不自由の繰り返しでもある。

その頃の私は児童百科事典などを読んで、いろいろなことを知識としては知っていた。だから非常に傲慢(ごうまん)で、必然的にいろいろな場面で「自我」との対峙が始まった。

そのような私が、溺愛する母親の言いなりになっていたら、「自我」が暴走するだけで、私自身の本来の「個」が生まれないと分かっていた。

だから、中学生になった私は、毎朝、トイレ掃除をすることを自分に課した。そうやって自我を何とか退治しようと考えたのである。

坐禅の道場にも通った。みんなが嫌がることを率先してやることで「私でない私」を育てていこうとしたわけである。

『熱誠憂国』毎日新聞出版

四度の転校をする

私の家は小地主であり、祖父は雑貨屋を営むかたわら、保正（村長）をしていました。また、父は警察官として郡役所に勤めており、戦争中は統制組合長をしていました。

ですから、割に裕福な家で、私も経済的にはそれほど不自由なく子供時代を過ごすことができました。

父は私のやることに対して、特に意見を言うことなく何でもさせてくれました。そういう意味でも私は自由だったと思います。

しかし、これは逆に自分で求めて選択をしていかなければなりませんでした。

父の仕事は転勤が多く、私は生まれ故郷には三カ月ぐらいしか住みませんでした。

また国民学校の時には四回も学校を変わっています。
そのためあまり友達はできず、絵を描いたり本を読んだりして過ごしました。

『日台の「心と心の絆」』宝島社

あえて家族からの独立をする

私は甘やかされていたのだろう。父をはじめとして、家族は私がなにかを望めば出来る限りのことをしてくれた。それはいま考えてみても、単に実家が困らないからということ以上のものがあったように思う。

ことに母は、私を溺愛していた。母に黙って泳ぎにいったりすれば、半狂乱になって怒り、私は跪いて謝らねばならなかった。食事のときなども特別に扱ってくれた。私の家は豚肉を商っていたから、肉料理は一番よい部分を使って大量に作られ、そして私の前に山盛りにして並べられた。

しかし、不思議なのは、そうして甘やかされると、私の内にはそれを拒もうとする気持ちが芽生えたことだ。ことに、母の私に向けられた愛情に対しては、感謝しつつも警戒する思いが強まった。愛情によってスポイルされたくないという、強い抵抗感が私の中に生じてきたのである。

おそらく私は自我意識の目覚めが早く、そのころに始めた読書がさらにこのプロセスを加速した。私はますます自我に固執することとなり、強情を張って母を泣かせることもしばしばだった。母からすれば、息子のあまりの我の強さとパッション（情熱）の激しさに、ただ驚くばかりだったに違いない。

結局、私は母と話し合って、自宅から離れて暮らすことを許してもらった。このままでは自分にとっても、また母にとってもよい結果にならないと、子供ながらに考えたからだった。私は淡水の町の公学校に籍を替え、先生の家や友人の家に下宿して通学することになったのである。

この「独立」の経験は、私に人間の関係性というものを教えてくれた。人間は、多くの関係の中で生活を営んでいるのだということが分かってきた。他人の家で生活すれば、否応なしに自分の位置づけを考えざるをえなかった。

『台湾の主張』ＰＨＰ研究所

愛する妻とキリスト教

私が現在のような考えを抱き、現在のような活動を続けていられるのは、妻を抜きにしては考えられない。

思想遍歴の果てに直面したニヒリズムと、凄惨な「白色テロ」の時代を生き抜いてこられたのは、すべて妻のお蔭であった。

そしてまた、私にキリスト教について話してくれ、洗礼を受けることを勧めてくれたのも妻であった。

もし、私一人であったならば、たとえ宗教的な救いが必要な状況に立ち至ったとしても、また、自らの思想的な限界に気がついたとしても、神の愛について思いを巡らし洗礼を受けようとする気にはなれなかっただろう。

すでに述べたことだが、私は思想的に窮地に陥っても「信じる」ということがどうしてもできなかった。

数年にわたって台湾のキリスト教会を巡り歩き、自分の力だけで信仰とはなんであるかを知り、信仰の世界を獲得しようともがいた。

しかし、そもそも信仰を合理的に理解することはできない。私が信仰を得られたのは、愛する妻が存在し、そして愛する家族があったからなのである。

『台湾の主張』ＰＨＰ研究所

家族を苦しみから救ってくれたもの

辛い毎日を送っていたのは私だけではありません。私の家族も私以上に苦しんでいました。

ある日、帰宅すると妻が泣いているではありませんか。

新聞や党の長老たちが激しい言葉で私を攻撃するので、心を痛めていたのです。そして、「もう総統でいるのはやめてください」と訴えるのです。

しかし私としては、与えられた使命を投げ出すわけにはいきません。

妻とともに神に祈り、聖書を開いて、二人で読みました。

そうして「神様はこうおっしゃっている」と話し合い、心の平静を取り戻しました。

『日台一〇丁同盟』講談社

妻への誹謗中傷

私の人生で最もつらかったのは、自分の死の恐怖に直面したことではなく、妻が私の政治的活動のために危険にさらされることだった。

多くの反対に耐えて民主化のための運動を行っているあいだにも、私だけではなく妻も中傷や脅迫にさらされることになった。選挙が近づくと私は妻に「台湾にいないで、どこか外国に行っていなさい」と何度も言った。

私が自分の政治的信念のために耐え忍ぶのは当然だが、私の信念のために妻が中傷や脅迫にさらされるのは我慢がならなかった。

ことさらにはいいたくないが、そうした事態はこれまで数限りなく私の家族を襲った。

そして、私が政治家の道を選択したことを、心からすまないと思った。

『台湾の主張』ＰＨＰ研究所

第7章

読書について

こんな本を読んできた

父が買ってくれた本は一生の宝物

私の父親の李金龍は、日本の警察学校を卒業した官吏でした。当時の台湾では、警察学校などの高等教育機関まで進む人は極めて少なく、同じように官費で勉強ができる師範学校を卒業した人々と並んで、一種のエリート層と見られていました。

したがって、私は生まれたときから割と裕福な環境の中で育てられてきましたから、欲しいものはそれなりに手に入り、かえって物質的なものにはあまり執着しない性格が身についたようです。

ただ、本を読むのが何よりも好きで、当時の台湾の一般家庭ではなかなか手に入らなかった書籍や雑誌などを貪欲に手に入れようとしました。

父親が警察官僚であったため、非常に転勤が多く、国民学校（小学校＝公学校）時代の六年間だけでも、四回も転校しなければなりませんでした。そのため、せっかくできた友だちともすぐに別れなければならず、次第に家に引きこもりがちになって、ますます本ばかり読み耽る、かなり内向的で我の強い少年になっていったような気がします。

小学校四年生のとき、東京の小学館という出版社から『児童百科辞典』という本が出ているということを知り、父親に「あれが欲しい」と言ってしまいました。なにしろ、『少年倶楽部』という月刊雑誌ひとつ買うのでさえ大変な決心を要した時代ですから、分厚い辞典などとんでもない話ですが、私は喉から手が出るくらい読みたかったのです。一冊四円もするほど高価なもので、当時は高給取りの部類に属していたはずの私の父親の給料に換算しても一カ月分の一割半が吹っ飛んでしまう値段でした。叱り飛ばされると思いましたが、こと本に関しては貪欲な私は、思い切って言ったのです。

「父ちゃん、台北に行ったとき、小学館の『児童百科辞典』を買いたい」

すると、父は怒る代わりに、実に悲しげな顔でこう言ったのです。

「そうか、そんなに欲しいのか。もう少し早く聞いていればなぁ……。なんぼ父ちゃんでも、いますぐ四円もの大金をひねり出すことは難しいからねぇ」

私はがっかりしましたが、そのまま忘れてしまい、翌朝早く台北の街に遠足に行くため、近所の媽祖廟（まそびょう）の側（そば）に停まっていたバスに乗り込みました。そして、出発の時を待っていたら、誰かがコツコツと私の席の窓を叩くのです。ふと外を見ると、小雨の中に父親が立っているではありませんか。

父は、あれから夜通し、親戚や知人の家を駆け回って、四円もの大金を掻（か）き集めてきてくれたのです。

そのとき、台北の大きな本屋で私自身が買った『児童百科辞典』は、その後ずっと私の最大の宝物となりました。そして、このような知的な環境を私に惜しまず与えてくれた「父ちゃん」のことを、私は今でも深く尊敬しています。

『「武士道」解題』小学館

書物の言葉は思索の場

私は正式な日本教育を長期にわたって受けたほか、家庭の事情や個人的要素が、また強く私の以後の人生観や哲学的思考、日本人観に影響を及ぼしました。

一つは、父の職業の関係で公学校（小学校）六年間に四回も転校し、そのため友達がなかなかできませんでした。兄も故郷の祖母と暮らしていて、家では私一人だけでした。この経験は多感な私をして、いささか内向的で我の強い人間にしてしまったようです。友達がいない代わりに、本を読むことやスケッチをすることで時間を過ごすようになりました。

自我意識の目覚めが早いうえに、このような読書好きが、さらに自我に固執することになり、強情を張って母を泣かせたり、学校でも学友との争いや矛盾が起こったりするようになりました。

激しい自我の目覚めに続いて、私の心の内に起こってきたのは「人間とは何か」「我は誰か」、あるいは「人生はどうあるべきか」という自問自答でした。これは母があるとき、私に「お前は情熱的で頑固過ぎるところがある。もう少し理性的になってみたら！」と諭してくれたことも関係していました。

心の内に沸き起こるものに対して、もっと自ら理性的に対処しようと考えたのです。

そのような少年にとって、古今東西の先哲の書物や言葉にふんだんに接する機会を与えてくれた日本の教育、教養のシステムほど素晴らしいものはありませんでした。

禅に魅せられ、坐禅に明け暮れたのもこのころのことですし、岩波文庫などを通して東洋や西洋のあらゆる文学や哲学に接することができたのも、当時の日本の、教養を重視した教育環境の中に、そのような深い思索の場が用意されていたからであると信じています。

『李登輝訪日　日本国へのメッセージ』まどか出版

十三歳からの下宿生活

母親の江錦も、私の情操教育にはことのほか熱心で気を遣ってくれました。何しろ、小学校の低学年のころから難しい本ばかり読んできた少年ですから、自我の目覚めも人一倍早く、母は、我が強く気性の激しい私のことを非常に心配して、いわゆる「知育」だけではなく、「徳育」の面でも健全に育つよう、必死に導いてくれたのです。だから、私が、

「淡水の町の学校に移って、下宿生活をしながら勉強したい」

と言った時に、あれほどまでに私のことを溺愛していた母親が、意外にあっさりと認めてくれたのでしょう。

私の家は、父の収入ばかりではなく、雑貨屋や肉屋も営んでおり、経済的には恵ま

れていました。食事ひとつにしても売り物の豚肉の中でいちばんいい所を切り出して、私の前にどっさり並べてくれたり、あまりにも大切に育てられ過ぎていて、私自身も自我の目覚めと同時に、

「こんな生活を送っていたら、完全にスポイルされてしまう」

という危機感を強く感じるようになっていたのです。そこで、自宅から十五キロくらいしか離れていなかったのですが、一九三六年（昭和十一年）、十三歳になったときに、淡水公学校という所に転校して、慣れない下宿生活を始めました。

それというのも、もともと内省的な傾向が強いうえ、読書や学校を通じての「道徳教育」の影響もあって、自己修練の気持ちが日増しに強まってきていたためです。当時の日本社会には、「学校教育」にも「家庭教育」にも「社会教育」にも、そのような倫理的な空気が非常に強かったのです。

『「武士道」解題』小学館

日本国民として文学や哲学に接する

絵描きになるなら学歴は必要ないと考えていたが、あるとき読んだ受験勉強の本に、「しっかり勉強したいなら、旧制高校から帝国大学に進みなさい」という受験生に対する励ましの言葉が書いてあった。素直にこれを受け止めた私は、旧制台北高校（文化甲類）を受験することになった。

試験は当然、日本語で行われたが、小学生のころから日本語の百科事典に親しみ、中学生時代には『古事記』や『源氏物語』『平家物語』、吉田兼好の『徒然草』、本居宣長の『玉勝間』といった主要古典はもちろん、夏目漱石の全集を愛読していた私にとって、国語や漢文の試験はまったく苦にならなかった。台湾人の私が両科目の試験で満点を取ったことに、先生たちも驚いていたようだ。

台北高校の一クラスの定員は四十人。そのうち台湾人の生徒は三人か四人だったと記憶している。在学中、とくに差別を感じたことはない。

むしろ先生からはかわいがられたほうだと思うし、級友たちも表立って私におかしなことをいう者はいなかった。

自由な校風の下、私は級友たちとの議論を楽しみ、大いに読書に励んだ。旧制高校の授業では、英語の本はもちろん、フランス語やドイツ語の本も、ほとんど原書で読まされた。ゲーテの『ファウスト』やニーチェの『ツァラトゥストラかく語りき』など、どれも原書で読んだ。文法の授業なんてない。自分で勉強しろという調子だった。

『新・台湾の主張』ＰＨＰ研究所

私の読書法

本を読むには時間がかかる。そこで私はノートにどんな分野の本を読んだか、いつまでに読むかを逐一メモしていた。哲学、歴史、倫理学、生物学、科学。ほんとうに、ありとあらゆる分野の本を読んだ。高校を卒業するまでに、岩波文庫だけで七百冊以上はもっていた。

西田幾多郎の善の研究、和辻哲郎の『風土』、ゲーテの『ファウスト』、『若きウェルテルの悩み』、ドストエフスキーの『白痴』、トルストイの『戦争と平和』など、私の人生観に影響を与えた本は多い。一冊を選ぶとするならば、十九世紀の英国の思想家、トマス・カーライルの『衣裳（衣服）哲学』を挙げる。本書に出合ったのは、台北高校の授業中に、本書を原文の英語で読まされたのがきっかけである。その時に接した日本語訳を少しだけ引用してみる。

「このようにして『永遠の否定』は、私の存在の、私の自我の、隅々まで命令するように響き渡っていたが、私の全自我が神に創造された本来の威厳を備えて立ち上がり、力強くその抗議を述べたのはその時だったのである」

日本語訳でも非常に難解な文章だが、当時、「自我」や「死ぬということ」について答えを求め続けていた私には、その大意が身に沁みて来るように感じられた。もっと深く知りたいという衝動に駆られ、台北市内の書店や図書館を歩き回って内外の関連書を読みあさった。

しかし、「これは」というものに出合うことができず途方にくれてしまった。

そんなある日、台北市内最大の公立図書館だった総督府図書館で一冊の「議事録」を偶然に手にとった。それは、台湾総督府に在籍して台湾の製糖業発展に多大な貢献をした新渡戸稲造の手によるものであった。

新渡戸は毎年、夏になると台湾の製糖業に従事する若きエリートたちを軽井沢に集めて特別ゼミを開いていた。その中心教材としてカーライルの『衣裳哲学』が取り上げられていたのである。

黄色く変色した新渡戸の「議事録」を読み返しているうちに、原書では咀嚼しきれなかった「永遠の否定から永遠の肯定への昇華」を理解していくことができた。懇切丁寧な「議事録」を精読することにより、私が少年時代から見つめ続けてきた、自分の内面にある「人間はなぜ死ぬのか」「生きるとはどういうことなのか」という「メメント・モリ」（死を想え）、つまり死生観に対する苦悩が氷解していくのを感じた。

このとき、新渡戸稲造という日本人の偉大さに心底、感服したことを覚えている。

この感激は、私自身の進路に大きな影響を及ぼした。かつて新渡戸が専攻した「農業経済」という学問分野を私も究めてみたいと望むようになり、迷うことなく進学先を京都帝国大学農学部農林経済学科と決めたのである。

『新・台湾の主張』ＰＨＰ研究所

男女の区別と差別

日本の戦後教育の流れの中では、いわゆる「複線型教育」、すなわちそれぞれの生徒の個性に応じて多種多様なコースを設けることですら、「差別主義」だとか、「非民主的」だなどと批判する一部勢力が強い影響力を持っていました。戦前にあった「飛び級」なども絶対に認めようとはしなかったのです。そして、クラス全体の子供が算数も理科も国語も、みんな満遍なく平均点をとって「偏差値」を押し上げることだけに懸命になったのです。それこそが「民主主義」だと思いこんできたからなのでしょう。

もちろん、「女子教育」に関しても、「男と女は平等であるべきだ」などというドグマに支配されているから、男女の役割の違いといったような本質的な「区別」さえも理解できぬまま、何でもかでも「差別」だと騒ぎ立てる傾向があるようです。女の子が鉄棒や跳び箱で男の子に後れをとるのは当然ではないでしょうか。逆に、家庭科の時間に男子が料理や裁縫がうまくないからといって、責め立てる必要もないのです。要するに「餅は餅屋」で良いのではないでしょうか。

新渡戸先生がこの『武士道』の中で言わんとしているのもまさにその一点だけであり、決して「差別」を煽り立てているわけではありません。本当の「武士道」に目覚めれば、剣道や柔道などの「戦場」で必要な武芸まで「男女平等であるべきだ」などという偏った悪平等主義に振り回されることなどありえないことだと思うのです。女子が「家庭」を守っていくために必要な技芸に、より大きな関心や熱意を振り向けるのは、当然のことではないでしょうか？

既に百年以上も前にこういう大切なことを言っていた人がいたというのに、いったいどこで、戦後日本の教育は方向を取り違えてしまったのか、私は本当に不思議でしようがありません。いまこそ、「真に民主的で平等な教育とは何か？」という問題を真剣に考えてみるべきではないでしょうか。その有力な手がかりとして、日本人には「武士道」という輝かしい民族の文化遺産があるのだ、という誇りと自信を取り戻すべきではありませんか？

「吾人が差異と不平等との区別を学ばざる限り」――つまり私たちが、区別と差別を混同しているようでは、女性の地位と役割についていつまでも誤解は解けないということを、新渡戸先生は既に百年以上も前に述べているのです。

「教育」というのは、結局、『武士道』にも出てくるように、精神的な価値観や肉体的な価値観を尺度にして、ただ単純に「平等」かどうかなどと論議するものではなく、もっと深く個々の人間の性格や能力の差異（決して差別ではない）に着目して、複合的かつ多面的に判断していくべきものではないか、と思います。

いたずらに平等、平等と騒ぐのは、かえって「悪平等」につながる危険性のほうが強い。本当の「教育」とは、やはり一人一人の人間の内在的価値を重視して、各人の特性を生かして行うべきものなのです。

『「武士道」解題』小学館

「武士道」は「国民精神」

道徳とか、あるいは宗教だとか、愛国心というものは、決して理性的に、たとえばカントの言うところの「純粋理性」的なものだけで批判できるものではないのです。すなわちこれらは「実践理性」なのです。古くはアリストテレスの「実践知」に由来する実践的な行動、つまり「まず、行うこと」から始まっているのです。日本の「武士道」の良さというのは、口先だけではなくて、実際に行うというところにこそあるのだ、ということを決して忘れてはなりません。

「武士道」というのは、新渡戸稲造先生もはっきりと認めているように、疑いもなく「封建制度」と密接に結びついています。いや、封建制なしには決して生まれてはこなかった精神的価値観であった、と言い切っても良いでしょう。

しかし、この「封建制度」というのは、もはや今日の日本には存在しません。存在しないのに、なぜ現在も「武士道」の精神が絶対不可欠だと言いうるのか。いったい、今日の「武士道」はどこに結びつくのか、という問題になってきます。

私は、明確に、それは日本人の生活そのものと結びついている、と断言できます。日本人の生活の中に完全にビルト・インされている「国民精神」以外の何ものでもないのです。

だとすれば、現在の日本社会の中における「武士道」の存在の大切さをみんなが自覚するためには、やはり、どうしても「教育の体系」の中に入っていなければなりません。なぜなら、もはや武士という階級そのものが現存しないのだから。「人間は正しくなければならない」とか「誠実であれ」というような「武士道」精神の精髄（エスプリ）は、結局、教育を通じてしか伝え得ないのです。

『「武士道」解題』小学館

台湾と「日本精神」

台湾人は一生懸命頑張るといった意味の「打拚」（パーピィア）という言葉を好みます。この「打拚精神」が今日の台湾の繁栄を支えていることは疑いない事実です。また「武士道」を尚武の精神として捉えるなら、タイヤル族に代表される原住民にもそのような伝統はありました。大東亜戦争において台湾原住民の高砂義勇隊が見せた勇猛精神、自己犠牲の精神はよく知られているところです。

さらに言えば、よく指摘される台湾人の「日本精神」（リップンチェンシン）がありますが、これも台湾の国民精神の重要な一つだと言わなければなりません。これは日本統治時代に日本人に学んだ、ある意味では純粋培養されたとも言える勇気、勤勉、奉公、自己犠牲、責任感、遵法、清潔といった諸々の良いことを指すものですが、実はこの言葉が人口に膾炙したのは恐らく戦後からで、中国からきた統治者たちが持たないところの、台湾人の近代的国民としてのこれら素養、気質を、台湾人自らが誇りを以って「日本精神」と呼んだのです。

言うなれば、この「武士道」としての「日本精神」があったからこそ、台湾は中国の人治文化に完全に呑み込まれることがなかった、抵抗することができたともいえます。これがあったからこそ、この近代社会が確立されたともいえるのです。このように考えれば「武士道」というものは、台日を含むアジアの近代建設の原動力であったことが理解できます。

『月刊Ｈａｎａｄａ』２０２０・10月号

中国文化による悪弊と「心霊改革」の提唱

戦後の台湾は、中国文化による悪弊を免れることはできませんでした。社会では公私の混同や実利主義の横行、モラルの低下といった悪弊が蔓延し、大きな問題となっています。それにはやはり、中国化政策の中での台湾のアイデンティティーの損失が大きく影響しています。それは日本の終戦後の自己否定つまり伝統文化の否定からくる価値観の混乱と、全く同じ状況なのです。精神的な伝統や文化の重みを理解しようとせず、皮相的な進歩ばかりに関心を集中するのは現代社会の通弊だと言うこともできます。

そこで私は総統就任以来、積極的に「心霊改革」を提唱してきました。心霊とは精神のことで、それを変革することによって社会を古い枠組から脱出させ、そして新しい発想で新しい活力をどんどん生みだそうということです。これは政治改革よりも更に困難なことです。知識人には「理性」ばかりで「実践」が見られない、つまり理屈ばかりをこねて、一向に行動を起こさない傾向が目立ちますが、この改革はまず実践あるのみなのです。

そこで新渡戸先生の『武士道』です。私は「公」の精神を主軸に台湾人のアイデンティティーを確立して行くためには、この一書をテキストにするのが一番良いと考え、実際これを用いて台湾各界の人々に「公」と「私」の問題を語っているところです。そのようにすることによって、かつて日本の「武士道」に学び、現在も心に潜在しているはずの台湾人の精神を呼び戻せるはずだと考えているのです。

『月刊Ｈａｎａｄａ』２０２０・10月号

ルーズベルト大統領と『武士道』

日本の統治下に置かれるまで台湾人が学んできたのは、「四書五経(ししょごきょう)」だけだったといっても過言ではありません。それまで儒教的な因習から逃れられることができなかったのに、日本が採り入れた近代的な教育のおかげで新しい知識を吸収することができ、エリート層が育っていったのです。

そこで育まれたのは「日本精神」――いまでも台湾人が好んで使う言葉です。では日本人特有の精神は何かといえば、それは「大和魂(やまとだましい)」、あるいは「武士道」でしょう。

武士道は、かつて日本人の道徳軌範でした。

文章に残されていたわけではなく、日本の長い歴史のなかで培(つちか)われた精神です。

これを国際社会に紹介したのが、新渡戸稲造が著した『武士道』。この英文で書かれた本は、一八九九年に発刊されるやいなや、世界中で大好評を得ます。

アメリカのセオドア・ルーズベルト大統領がこれを読んで感激し、数百冊を購入、世界各国の要人に一読を薦めた話は有名です。

『日台IoT同盟』講談社

新渡戸稲造の教えとは

『武士道』で新渡戸稲造先生は、徳目としてまず「義」を挙げています。「義」とは一言で言えば卑劣な行動を忌むということです。そして、個人や「私」の次元に閉じ込めるのではなく、必ず「公」の次元に引き上げ、受け止めなければならない観念です。

次は「勇」です。これは「義」と密接に結び付いているもので、義のない勇気は全く価値がありません。昭和天皇の「降り積もる深雪に耐えて色変えぬ松ぞ雄々しき人もかくあれ」の御歌などは、まさにこの「勇」と「義」を止揚するものにほかなりません。

さらには「仁」があります。

そして、これに密接したもの、つまり他人の感情を尊敬することから生じる謙虚、慇（いん）懃（ぎん）の心である「礼」があります。

さらに、「礼」には絶対不可欠なものとして「誠」を挙げています。そして、日本人が人倫の最高位に据えていた名誉の掟というべき「忠」があります。

このような徳目が不即不離のものとして渾然一体となったものが「武士道」であると新渡戸先生は説いているのです。

『日台の「心と心の絆」』宝島社

精神的かつ理想的な生き方を追求する

仏教が武士道に与えた冷静沈着なる心のありようは、物質主義にとらわれている現在の日本に最も欠けていることの一つと言えましょう。冷静に事態を受け止め、沈着に対処することが日本の方々にはできるはずです。

ただし「生を賤(いや)しみ死を親しむ心」だけは私が肯定できない考え方です。

仏教は生よりも死に重点が置かれています。本来持つべき死生観というのは、死を知ることによって生をどうするかという問題意識なのであって、生というのは非常に大事なことなのです。また、死を親しむ心ではいけない。死は知ることが大切なのであって、死を知ることによって、生をどう生きるかという問題意識を持つことが何よりも大切なのです。『葉隠』のなかの「武士道と云ふは死ぬ事と見付けたり」という有名な言葉があります。これは上述の生死に関する問題意識を示したものでしょう。

新渡戸先生はクリスチャンです。彼は士族出身でもあり、儒教的な教養を積んできたわけですが、結局は儒教における死生観の不在から、キリスト教に道を求めたのではないかと思います。そしてキリスト教という新たな道徳体系の下で、武家時代の物理的かつ現実的な権力を維持するための狭義の武士道ではなく、精神的かつ理想的な生き方を追求するためにある、しかも未来永劫に通じる道徳規範としての、広い意味での「武士道」の価値を再発見したのです。

彼によって再発見された「武士道」は、日本人の不言実行あるのみの美徳であり、「公」と「私」を明確に分離した、「公に奉じるの精神」とも言ってよいでしょう。

『誇りあれ、日本よ』まどか出版

死を知ることによって、生をどう生きるか
という問題意識を持つことが
何よりも大切なのです。

言ったことは必ず実行する

中国の社会は、〈私は私だ〉という考え方です。

人間が死ぬなんてどうでもいい。できるだけ生きているときに自分の利益になることをやればいいという考え方だ。

これは正直に言うと、儒教の考え方の根本なんです。

このような考え方では社会全体をうまくもっていくことは難しく、ばらばらになるしかない。

日本では、たとえば禅や『武士道』の考え方にも出てくるように、〈私は私でない〉。

人間は死ぬ。

ならば、生きているときに何かいいことをやらなくてはならない。

これが人間であることの価値ですね。

われわれが昔受けていた日本の教育で一番大事なことは「言ったことは必ず実行する」＝実践。

口だけではダメで、必ず実行する。

これは武士道の一番肝心な部分です。

『歴史通』２０１３・７月号

人間は死ぬ。ならば、生きているときに
何かいいことをやらなくてはならない。
これが人間であることの価値ですね。

『武士道』にたどり着くまで

私には、新渡戸稲造先生との〝出会い〟の前にも、既に多くの先哲との出会いがあったわけで、いきなり『武士道』にたどり着いたのではありません。このことについては、後でも詳述いたしますけれども、たとえば、かの十九世紀イギリスの大思想家であるトマス・カーライル（Thomas Carlyle 一七九五～一八八一年）の『衣裳哲学（サーター・リサータス）』（Sartor Resartus 一八三三～三四年に公刊）との出会いが非常に大きかったと思います。

カーライルには、『英雄について』（On Heroes, Hero-Worship and the Heroic in History 一八四一年）という著作もありますが、その中で彼は、西洋の「英雄」と日本の「武士」との間には一脈通じるものがあった、と鋭く洞察し指摘していたのです。

そして、カーライルを繙（ひもと）いていくうちに、ゲーテに出会い、さらにニーチェやショーペンハウアー、カント、ヘーゲル、マルクスと無限に広がっていきました。イマニュエル・カント（Immanuel Kant 一七二四〜一八〇四年）の『純粋理性批判』や『実践理性批判』などは、今でも私の最も貴重な判断の指針となっています。いや、私だけではなく、当時の日本の高校生や大学生というのは、みんな多かれ少なかれ、そのような形而上学的（メタフィジカル）な世界を彷徨い、思索し、苦悩呻吟しながら精神的な成長を遂げていったのです。もちろん、『三太郎の日記』（阿部次郎）や『善の研究』（西田幾多郎）などといった日本の偉大な文学者や哲学者たちの著作も、ほとんど絶対的な必読書のうちに入っていましたから、必死に読み耽って眠れない日が続くことも決して珍しいことではありませんでした。最近の日本では、大学ですら「一般教養」を軽視する風潮を露骨に見せはじめていますが、フィジカル（物質的で具象的）な面ばかりを重視するようになれば、必然的にメタフィジカル（精神的で抽象概念を重んじた）な面が疎かになり、人間として最も大事な青少年時代に、内面的な自己を涵養する機会を失ってしまう、と非常に憂慮しているのです。

『「武士道」解題』小学館

禅に熱中した下宿生活

温かい我が家を離れて下宿生活を始めたとたん、私は「居候、三杯目にはそっと出し」といった、それまでには思いもよらなかった厳しい「他人との関係」に直面することとなりました。ただし、私にとっては、そんなことは何でもなかった。いや、むしろ、そのような厳しい環境の中で、我の強い自分をじっと見つめ、自分を鍛え、他人との関係を学び、内的にも外的にも自分がどんどん変わり、日々成長していくことのほうが嬉しかったのです。

旧制の淡水中学校に入学してからの私は、ますます「唯心的」なものにのめり込んでいきました。かねて母親から、

「おまえは情熱的な性格を強く持ちすぎているよ。もう少し理性的にならなくては」

と、諭されていたものでした。そして、厳しく自己修練に励まなければ、という気持ちがますます強まったためかもしれません。そのころ、最も多く読んだのは鈴木大拙の「禅」に関する著作でした。

鈴木大拙（一八七〇～一九六六年）は、明治期から昭和期にかけての最も偉大な仏教哲学者です。その名は、「Daisetz T. Suzuki」として、日本国内ばかりでなく、世界中に轟き渡っていました。

*

中学生時代に私が最も熱中したのは、数ある鈴木大拙の名著の中でも特に評判の高かった『禅と日本文化』でした。

これは、彼が、東洋哲学としての「禅思想」をいち早く欧米に紹介するために渾身の力を振り絞って書き上げた傑作中の傑作ですが、「日本文化」に禅思想がいかに深くかかわってきたかを詳細に述べています。

原著は英文ですが、和訳もされており、今でも世界中で広く読まれています。

『「武士道」解題』小学館

自我を生かすこと

自我退治の生活も、高等学校に入って変わりました。

もともと本が好きな私でしたが、西洋や東洋を問わず、多くの古典を読むようになりました。

その中で特に倉田百三の『出家とその弟子』が自我退治には役立ちました。

同書の中で、親鸞和尚は死ぬ時、恋愛をした弟子に対し、「それでよいのじゃ、皆助かっているのじゃ……、善い、調和した世界じゃ」と言い、弟子を許してやる場面に感銘を受けました。

そのほかに影響を受けた本と言えば、トマス・カーライルの『衣裳哲学』です。これは高等学校一年生の時の教科書に載っていたのですが、ドイツ語のような英語が難しくて、分かりませんでした。

これを詳しく紹介したのが新渡戸稲造先生の講義録でした。私は台北市長になった際、大学に蔵書を寄贈したのですが、それでも手元に残したのがこの本でした。それからゲーテの『ファウスト』。当時は序幕を暗唱することができるくらい、読み込んだものです。

これらの本を通じて得られたことは、いかに自我を生かすかということでした。対外的否定によって自我を否定することで、逆にすべてが肯定できる。小さな自我をなくして大我につくということです。

そして、それが一切を肯定することになるのです。こうして非常に唯心論的な考え方にたどり着いたのです。

『日台の「心と心の絆」』宝島社

私の「夏目漱石」

私は日本の思想家や文学者の本を熱心に読んだので、日本の思想は私に深く根付くことになった。たとえば、岩波書店から出ていた菊判の『漱石全集』は何度も読んだ。最初のころは、田舎の青年が東京に出て行って悩みながら成長していく『三四郎』が好きだった。

また、当時の高校生が好んで読んだ阿部次郎の『三太郎の日記』にある、それぞれの人が自分なりに精一杯生きることで報われるという考え方に共鳴した。倉田百三の『出家とその弟子』も、もちろん熟読していた。

『台湾の主張』ＰＨＰ研究所

『古事記』にはじまる日本の古典

『古事記』にはじまる日本の古典も愛読書だった。『古事記』を読んだ後には、本居宣長の『玉勝間』も繙くことになった。『源氏物語』や『枕草子』、さらには『平家物語』も熱心に読んだ。

私がこのような話をすると、不思議に思う人もいるようだが、私は一九四五年（昭和二十年）、つまり二十二歳になるまで日本籍だったのである。日本の正統な教育を受けた私の教養もまた、日本の伝統につながるものに他ならなかった。

旧制台北高等学校時代には、夢中になって次から次へと読書を続けた。日本の古典以外にも、西田幾多郎の『善の研究』、和辻哲郎の『風土』、岩波新書に入っていた中野好夫の『アラビアのロレンス』やアインシュタインの『物理学はいかにして生まれたか』は愛読書で、それぞれは何度も読みかえしぼろぼろになって、いまも大切に書斎に収めてある。当時、私は岩波文庫だけで七百冊以上も所有していた。

この時代には、トマス・カーライルの『衣裳哲学』、ドイツの疾風怒濤時代のゲーテの『ファウスト』『若きウェルテルの悩み』なども愛読書の一つだった。そして、あのロシア革命前夜の暗い社会の中で、新しい光を求めてやまないドストエフスキーの『白痴』などの作品群も、私にとって大きな精神的糧となっていった。

膨大な蔵書があったので、終戦直後、台湾に本がなくなったときに、私は友人たちと語らって自分たちの本を持ち寄り、古本屋を開いたほどだった。岩波書店のマニフェスト（発刊趣旨）のごとく、台湾の人々を啓発しようという意気込みだったのである。

『台湾の主張』ＰＨＰ研究所

第 8 章

死について

人はなぜ死ぬのか

死とはなにか

私は、日本の統治が始まってから二十八年が経った一九二三年（大正十二年）、現在の新北市三芝区に生まれました。

当時の日本の教育システムは実に素晴らしいもので、古今東西の先哲の書物や言葉に接する機会を、私たちにふんだんに与えてくれるものでした。また「教育勅語」には、「人間はどのように生きるべきか」という哲学的命題から「公」と「私」の関係についての指針が明確に教えられています。

そのため旧制中学、高校時代は、学校教育や読書の影響もあり、自己修練の気持ちが強くなるとともに、「いかに生きるべきか」ということから、さらには「死とは何か」という大命題までを考えるようになったのです。人間は「死」というものを真剣に問い詰めて初めて「生」を考えることができるものです。つまり、死生観について、当時の私は懸命に考えてまいりました。

そうした中で出会い、そして多大な影響を受けたのが新渡戸稲造先生の哲理、理論でした。そしてその中でも強い衝撃を受けたのが、その著書である『武士道』だったのです。新渡戸先生の『武士道』は、「日本の魂」を外国人に理解させるため、アメリカにおいて英文で書いたもので、一八九九年（明治三十二年）に初版が刊行されるや、世界中で大好評を受け、国際社会にデビューしたばかりだった日本の声価を一気に高めています。アメリカのセオドア・ルーズベルト大統領がこれを読んで大感激し、数百冊を購入して世界各国の要人に一読を薦めていた話はよく知られていますが、高校時代の私にとってこの書は、まさにカーライルの『衣裳哲学』を止揚（アウフヘーベン）するものであり、死生観に関する私の疑問に明快な解答を与えてくれるものでした。

『月刊Ｈａｎａｄａ』２０２０・10月号

人間は「死」というものを
真剣に問い詰めて初めて
「生」を考えることができるものです。

武士道と儒教

世界に誇る日本精神の結晶ともいえる武士道ですが、その形成について新渡戸先生は日本で営々と積み上げられてきた歴史、伝統、哲学、風俗、習慣があったからこそ育まれたものであると言っています。

もちろん、武士道の淵源には、仏教や禅、儒教、日本古代からの神道の影響も挙げられていますが、実際は中国文化の影響を受ける以前からの大和民族固有のものだと論じています。

死生観の上から言えば、儒教には「死と復活」という契機が希薄で、物事を否定するという契機がありません。そのため、儒教は「生」に対する積極的な肯定ばかりが強くなるという危険をはらみます。善悪を定めた道徳でありながら、死生観をはっきりさせていないため、人間個々の生きる意義と、そこに立てられる道徳との間にかなりのずれが生じているのです。

儒教は「文字で書かれた宗教」とも言われますが、所詮は科挙制度とともに皇帝型権力を支えるイデオロギーでしかなく、人民の心に平安をもたらすものにはなりませんでした。そのようなものを推し戴いてきた中国人は、結局、空虚なスローガンに踊らされ、それで満足してしまう。あるいは、面子（めんつ）ばかりにこだわり、何の問題の解決もできないばかりか、かえって価値観を錯乱させてしまいます。

『日台の「心と心の絆」』宝島社

死んだら自然に還る

病気をしてから、私は死ぬことに対しては特別な感情はない。しかし、常に「死」というものへの心構えは持っている。死んだら自然に還る、そう思っているだけで非常に楽になる。

だからといって、私は、物事をユートピア的には考えない。平和の問題にしても、何事であっても、実際的に考えている。指導者はそうでないといけない。

『熱誠憂国』毎日新聞出版

人生は一回きりであり、来世はない

人生は一回きりであり、来世はない。一部の宗教が唱える「輪廻」は自己満足にすぎないと考えている。そして、「意義ある人生」をより肯定する。

ただし、有意義な「生」はつねに「死」と表裏の関係だというのが私の理解である。したがって、有意義に生きようと思えば、必ず「死」を思わなければならない。この「死」とは肉体的な死ではなく自我の死─自我の否定─のことだ。「自我の死」への理解を踏まえた上で、肯定的な意義をもつ「生」が生まれる。

これは個人としての生き方だけでなく、指導者としてのあり方を考えたときにも重要なことである。たとえばヨーロッパには古くから「メメント・モリ（死を想え）」という、死生観をもつ重要さを述べた言葉がある。

この考え方は十七世紀ごろになって、とくに強くなった。「人生は一回限り。そして死の行き先は天国」と考えることで、生を有効に、愛を尽くして一生を生きる気持ちを抱ける。それもたんなる個人としてでなく、「公なる何か」に尽くすことによって救われるというのがヨーロッパの死生観であり、キリスト教の精神なのである。

つまり指導者が死について真剣であるほど生にも真剣になり、それは善政にもつながると考えられるのである。

『最高指導者の条件』ＰＨＰ研究所

「武士道と云ふは死ぬ事と見つけたり」

私がクリスチャンになったのは戦後のことであり、当時は日本の教育の影響で徹底した唯心論者であったが、「死」がどういうものか、わかっていたつもりである。「武士道と云ふは死ぬ事と見つけたり」。「葉隠」の精神そのままに、国のために戦って死んでも惜しくはないと考えていた。日本統治時代の教育を受け、志願兵となった当時の台湾人青年にとって、それはごく普通の感覚であった。

大阪師団配属後、私はすぐに台湾・高雄の高射砲部隊に派遣された。一歩兵として最前線をさまよい、少年期から私を悩ませてきた生と死の問題に決着をつけるつもりであった。だが、学徒兵であった私の希望は受け入れられなかった。高射砲部隊というのは爆撃がなければ暇なもので、日本では禁書だったレマルクの『西部戦線異状なし』などを読んでいた。

軍隊時代には往復ビンタをされたり、ふんどしを洗わされたりしたこともあったが、とくに過酷な体験をしたという思いはない。

高雄にいたときは、高等工業学校出身の中隊長に可愛いがられた記憶がある。初年兵が大勢いるなかで、特別に私だけを個室に呼んでくれ、食事をさせてくれたり、いろいろな話をしてくれた。砲撃に必要な三次元の数学など、二人で一緒に勉強したものだ。

『新・台湾の主張』PHP研究所

国のために立派に戦って死んだ兄

一九四四年、高雄からほど近い左営の海軍基地に初年兵として配属された兄は、日曜の休みに私を訪ねてきてくれた。

そして二人で一緒に記念写真を撮ったのが、生前に会った最後となった。

そのとき、兄が私に言い残した言葉は「南方のある港に駐在になる。お前も近く日本に行くだろう。会うのは今日が最後だな」ということだけだった。南方というのはフィリピン・マニラのことである。しかし軍機に触れるという理由で、兄は私に具体的な行き先を告げなかった。

当時、兄は最優秀の巡査として、台湾でいちばん大きな警察署に務めていた。そんな立場をなげうっての出征である。しかも、若い妻と幼い子供を残して行くのである。

いったい、どんな気持ちだったのか。兄の戦死から七十年たったいまでも、私の心の整理はついていない。

だが、「立派な帝国海兵としてお役に立つ」と語った兄の気持ちに偽りはなかったと思う。兄も私もほんとうに若かった。国のために立派に戦って死ぬという理想に燃えていた。しかし、理想と現実には大きな隔たりがあった。いまいえるのは、それだけである。

『新・台湾の主張』ＰＨＰ研究所

青春時代の魂の三冊

私の青春時代の魂の遍歴に、最も大きな影響を与えた本を三冊あげよと言われれば、私は躊躇（ちゅうちょ）なくゲーテの『ファウスト』と、倉田百三の『出家とその弟子』、そしてこの『衣裳哲学』をあげます。そして、その三冊をアウフヘーベン（止揚）したところに、新渡戸稲造先生と『武士道』があった、と言っても過言ではないでしょう。

私は本当に子供のころから自分の内面（小宇宙）を見つめ続けてきました。そして、「人間はなぜ死ぬのか」「生きるとはどういうことなのか」というようなことばかり考え続けてきました。そのような「死生観」に真っ向から答えてくれたのが、カーライルと新渡戸稲造という二人の見上げるような哲人だったのです。

いま、日本では少年犯罪が大きな社会問題になっているといいます。私の当時、その年代にあたる旧制中学や旧制高校の学生たちは、「死とは何か」「生とは何か」「人生いかに生きるべきか」といったことばかりを考え続けていたのです。それなのに、いまの日本の青少年には、「人を殺して何が悪いのか？」などと、馬鹿なことを言う者がいるという。

人間、「死」という問題を考え抜いて、初めて「生」についても真剣に考えることができるようになるのです。死生観ですね。そして、この問題に一つの大きな鍵を与えてくれたのが、「永遠の否定」であり、またそれをいかにして「永遠の肯定」に変えていくかという生の哲学だったのです。もっと簡単に言えば、「永遠の否定」の渦中でトイフェルスドレック教授は、結局、霊魂、人間の魂の移ろいの過程で、決して理屈だけでは解けない問題に逢着する。たとえば「失恋」などもその象徴的なものですが、やがて彼は「センター・オブ・インディファレンス」（Centre of Indifference）の中に入っていくわけです。「無関心の中心」に入っていく。

そもそも「永遠の否定」というのは、「いかなる呼び方をするにせよ、結局、唯物主義や功利主義、享楽主義などというものは、すべて『人生の価値』の否定につながっていくこととなるのだ。なぜなら、神はイエスと言ったにもかかわらず、悪魔は永遠にノーと言い続けるからである」という永遠の心理を言い当てたものですが、それをいかにして「永遠の肯定」へと変えていくか、それがわれわれの人生に突きつけられた最大の命題でもあるわけです。

その過程の中に「人生」があるのだから、そこで何を見つけだすかということが大事なのです。結局、やること、実践することなのです。まず、自分の手近にある義務を果たせ。そうすれば自ずから先が見えてくる。人間や人生の真の意義というのは、何よりも自分でやってみること、実践躬行するところにあるのだという心理が、格闘しながら読み進んでいくうちに、おぼろげながら次第次第にわかってくる。マックス・ウェーバーも同じようなことを言っていますが、トマス・カーライルの『衣裳哲学』の凄さはまさにそこにこそあったのです。

そして、そのような私の思索の先導役を果たしてくれたのが、新渡戸稲造という大先達だったわけですから、やがて「大学で何を学ぶか」という問題に直面したとき、私は全く躊躇なく、新渡戸先生と同じ「農業経済学」に決めたのです。

『「武士道」解題』小学館

死とは、「何が」死ぬのか

私はキリスト教に回心するにあたって、理性の点から大いに苦しんだ。

マリアの処女懐胎（かいたい）やイエスの復活の物語は、どう考えても理性で説明のつく問題ではなかった。

五年間という苦悩の時間を経て私が悟ったのが、「これは理性的に考える必要はない」ということである。

イエスは本当に磔（はりつけ）にされて生き返ったと信じる。

それがすなわち信仰なのだ。

私のこの五年間の苦悩は「死とは、いったい何が死ぬのか」という命題を考えることでもあった。

それは結局、「自我が死ぬこと」であると悟った。
自我が死に、そして生き返る。
キリストの死はそれをあらわしており、けっして肉体的な死をいうものではない。

『指導者とは何か』ＰＨＰ研究所

徹底的に「死」の意味を追求する

そして、一九四二年（昭和十七年）の春、かつて新渡戸稲造先生が専攻していた「農業経済」（当時は「農林経済」と言っていた）という新しい学問分野を私も究めてみたい、と切望するようになり、何の迷いもなく進学先として新渡戸先生がいたことのある京都帝国大学の農学部農林経済学科を選んだのです。

私が新渡戸稲造先生のあらゆる著書を読み耽り、またそのすべての業績に深い関心を示すようになったのは、そのときからのことです。

そして、先生の『農政講義』をはじめとして、ありとあらゆる書籍や文書類を洗いざらい探し出してきて徹底的に読み込み、その偉大な足跡をたどっていくうちに、私の「農業」と「台湾」への思いはいよいよ強まっていったのです。

その過程で遂にめぐり逢ったのが、『武士道』です。私が生まれ育った台湾という小さな島が、なぜ今日のような世界でも有数の豊かで幸せな国として急成長することができたのか?

この根本的な疑問に明快極まりない答えを与えてくれたのも、新渡戸稲造先生が世界に向かって提示して見せてくれた『武士道』という本以外の何ものでもありませんでした。

憂きことのなほこの上に積れかし　限りある身の力ためさん（山中鹿之介）

敷島の大和心を人問はば　朝日に匂ふ山桜花（本居宣長）

かくすればかくなるものと知りながら　やむにやまれぬ大和魂（吉田松陰）

これらはすべて『武士道』の中に出てくる日本の歌（和歌）ですが、子供のころから「日本語で読み、日本語で考える」ことに専念してきた私にとっては、まさに天啓のように、心の奥底にまでじんじんと染み通ってきました。

人間、死んだ気になってやり通そうとさえすれば、どんなことでも成し遂げられないことなどないのです。
すなわち、徹底的に「死」の意味を追求していくことによって、結局、輝かしい「生」の彼岸に到達できるのです。

『「武士道」解題』小学館

「死」を知ることはとても大事なこと

自我と向き合う中で、高等学校に入った時に祖母が亡くなった。その時からは、「人はなぜ死ぬのか」という疑問が私の中で大きくなっていった。十五、六歳の時であった。そのために哲学の本も読み漁ったが、「人はなぜ死ぬのか」という疑問に答えてくれるものには出会えなかったのである。

しかし、私は、人間の最期の姿である「死」を知ることはとても大事なことだと思った。

なぜなら、人は「死ぬ」ということをしっかりと認識できるから、「どう生きるか」と考えることができるわけである。

『熱誠憂国』毎日新聞出版

人生の大切さを死によって理解する

日本人は中国の古典を学んできた。

それが死生観や精神性の育成に大きな影響を与えたのは分かるが、しかし大事なところを見落としてきたのではないかとも思う。例えば、日本人の中国文学者の本を読むと、多くの『論語』の解説に抜けているところがある。それは「先進」篇に出てくる「未だ生を知らず、焉(いずく)んぞ死を知らん」という言葉である。これを意図的に外しているのではないかと思う本がいくつもある。

「死」は誰にとっても必ず訪れる最も大きな問題である。

「生を知らずに、どうして死を理解できようか」ではなく、逆に「死を知らずして、どうして生を理解できようか」と言うべきである。

人生がたった一回限りのだいじなものであることを、「死」によって理解していくのが人間の智慧である。

それを反対に言うから「死」に対していろいろなことをくっつけて考えてしまう。そうすると、「私」が大きくなって自分だけがよければいいと考えてしまうのである。

『熱誠憂国』毎日新聞出版

死んだら灰にして山に撒いてもらう

人間は死んだら自然に還るだけである。自然の主催者は神であるから、神様のところへ還るだけだ。私は自分が死んだら焼いて灰にしてもらい、台湾のほぼ中央にある玉山（旧称：新高山）に撒いてくださいとお願いしている。そうすれば、いつも台湾と一緒にいられる。古い形式にとらわれる必要はないのである。

『熱誠憂国』毎日新聞出版

求めていたのはむしろ「死」

昨年は太平洋戦争戦後七十周年の節目の年でもあった。七十年前、私は日本帝国陸軍の兵士だった。旧制台北高校から京都帝国大学に進み、学業半ばにして陸軍に志願した私の配属先は、高射砲部隊であった。

私が経験したのは、大戦末期の熾烈な戦闘である。一九四五年三月十日、東京大空襲の際は部隊の小隊長が戦死。私が代わりに指揮を執った。焼夷弾の破片が鼻をかすめ、傷を負った。先の大戦で命を落とすことがなかったのは、運がよかったともいえるし、神の導きとしか思えない。

「さぞかし人を殺したのでしょうね」

私のところに取材に来た台湾人の記者がそう聞いた。平和に慣れた者ゆえか、あまりに無知な質問である。彼の目に非難がましい色が浮かんでいたことに私は気づいていた。

「やらなければ、こちらがやられる」

当時の心境をあえて表現すれば、このような言葉になろう。それは人間が持つ「生」への本能的な欲求であった。かといって、私はひたすら生き延びることを望んでいたわけではない。誤解を恐れずに言えば、求めていたのはむしろ「死」である。身体検査のときに最前線の歩兵を志願して苦笑されたのも、「死」に、できるだけ近づくためであった。そうすることで、少年期から私を悩ませた「死とは何か」「自我とは何か」という命題に決着をつけたかったのだ。だが、学徒出身の私の願いは叶えられることはなかった。

『熱誠憂国』毎日新聞出版

解説

台湾の民主化が成功した理由

元李登輝秘書　李登輝基金会 顧問　早川友久

「台湾の民主化が成功したのは、日本のおかげでもあるんだ」

本書のタイトルにある「人間の価値」を考えるとき、思い起こす李登輝の言葉だ。

李登輝の遺した言葉を振り返るとき、根底には大きな二つの基盤となるものがあるのがわかるだろう。李登輝曰く「徹底的な日本教育」によって培われた豊かで幅広い教養と、キリスト教に対する深い信仰である。

李登輝は日本統治時代の台湾に生まれ、青年時代までを過ごした。進学した旧制台北高等学校では、学友たちと競うように読書し、議論を重ねたという。岩波文庫なら七百冊は持っていた、と豪語するが、現代では軽視されがちな教養、つまりリベラルアーツを徹底的に積み上げたことが、李登輝という人間の背骨を形作っている。

李登輝が青春を過ごした昭和十年代後半は、戦争の足音が近づき、人の命が「鴻毛より軽し」とされた時代でもあった。そうした時局にあって、李登輝は「生きるとはなにか」「人生の意義とはなにか」に悩み、人間が生きる意味の答えを探し続けるのである。

台北高等学校時代、英語の授業ではのちに東京大学教授に就任し、英米文学者として知られる島田謹二の教えを受ける。教科書に指定されたのは、英国の研究者トマス・カーライルの『衣裳哲学』だった。英国人ながら、ドイツ研究にのめり込んだカーライルは、ドイツ語調の英語で書くことを好んだため、非常に読みにくかったという。

しかし、人間の生きる価値について煩悩を抱えていた李登輝は、この本を読み進め、朧気ながら理解していくうちに、その答えがこの本にあるような気がしてならなかった。なんとかして明確な意味を知りたい、と希求した李登輝は、それこそ台北じゅうの図書館を、参考となる本がないか探し回ったと、何度も昨日のことのように聞かせてくれたものである。

ついに探し当てた本は、台湾総統府の糖業局長も務めた新渡戸稲造が、糖業局の幹部を対象に『衣裳哲学』について解説を行った講義録だった。原書では十分に咀嚼しきれなかった「永遠の否定」から「永遠の肯定」への昇華を明確に理解した李登輝は、少年時代から常に悩まされてきた「人間の生きる価値」を「公に尽くすことにある」と定めるのである。

また、戦後に洗礼を受けたキリスト教の信仰もまた、李登輝にとって大きな助けとなった。李登輝が晩年、座右の銘とした「私は私でない私（我是不是我的我）」とは「自分自身のなかにイエス・キリストを宿すこと」であり、それによって無償の愛で他者を許し、他者に思いをいたすことができるとした。信仰もまた、李登輝が公のために尽くすことを支えたのである。

「台湾民主化の父」と称される李登輝だが、民主化の道程は並大抵ではなかった。国民党内の反対勢力を、権謀術数を交えて排除し、あるいは懐柔して徐々に支持基盤を固め、薄氷を踏む思いで進めた台湾の民主化だった。ときに批判され、口を極めて罵られ、党内でも足を引っ張られ、民主化の道半ばで挫折しそうになったことも多々あった。

それでもなお「台湾に自由と民主をもたらしたい」と、李登輝が信念を貫き通すことができたその源はどこにあったのか。以前、直截に尋ねたことがある。その答えが冒頭の言葉だった。

「日本教育だよ。人間の価値はどれだけ『公』のために尽くせたかにある。そう叩き込まれてきたからこそ、私は権力を手にしても、『私』のことは全く考えることなく『公』のためだけに使おうと決心できたんだ」

そして李登輝はこう続けたのである。

「だから台湾の民主化が成功したのは、日本のおかげでもあるんだ」と。

出典

『指導者とは何か』ＰＨＰ研究所
『最高指導者の条件』ＰＨＰ研究所
『〈新版〉最高指導者の条件』ＰＨＰ研究所
『台湾の主張』ＰＨＰ研究所
『新・台湾の主張』ＰＨＰ研究所
『熱誠憂国　日本人に伝えたいこと』毎日新聞出版
『日台の「心と心の絆」素晴らしき日本人へ』宝島社
『「武士道」解題　ノーブレス・オブリージュとは』小学館
『アジアの知略　日本は歴史と未来に自信を持て』光文社
『李登輝訪日　日本国へのメッセージ　２００７旅と講演の全記録』まどか出版
『誇りあれ、日本よ　李登輝・沖縄訪問全記録』まどか出版
『日台ＩｏＴ同盟　第四次産業革命は東アジアで爆発する』講談社
『愛と信仰　わが心の内なるメッセージ』早稲田出版
『ジャパニズム07』青林堂

出典

『アジアレポート』46巻350号
『文藝春秋』2015・8月号
『歴史通』2013・7月号
『Voice』2005・3月号
『Voice』2014・2月号
『正論』2011・11月号
『月刊WiLL』2011・2月号
『月刊日本』2003・1月号
『月刊日本』2004・4月号
『月刊Hanada』2020・10月号
『SAPIO』2005・8・24／9・7夏の合併特大号
『週刊ポスト』2010・1・1／8合併号
『週刊ダイヤモンド』2019・12・28／2020・1・4新年合併特大号
『週刊東洋経済』2007・12・8号
『週刊東洋経済』2007・12・15増大号

『週刊東洋経済』２００７・12・29／２００８・１・５迎春合併特大号
『週刊東洋経済』２００８・１・12号

人間の価値——李登輝の言葉

2021年2月15日　初版第1刷発行

著　者　李登輝
企画編集協力　李登輝基金会 顧問 早川友久
ランカクリエイティブパートナーズ株式会社

発行者　笹田大治
発行所　株式会社興陽館
〒113-0024 東京都文京区西片1-17-8 KSビル
TEL:03-5840-7820 FAX:03-5840-7954
URL:https://www.koyokan.co.jp

装　丁　福田和雄（FUKUDA DESIGN）
校　正　結城靖博
編集協力　稲垣園子
編集補助　渡邉かおり+久木田理奈子
編集人　本田道生
印　刷　恵友印刷株式会社
DTP　有限会社天龍社
製　本　ナショナル製本協同組合

ISBN978-4-87723-268-9 C0039

『終（つい）の暮らし』

跡形もなく消えていくための心得

跡形もなく
消えていく
ための心得

終（つい）の暮らし

曽野綾子

あなたらしく
自分らしく
暮らす。

わたしひとり
どう暮らし
どう消えていくのか。

曽野綾子が贈る
「最期の時間」の楽しみ方。

興陽館

曽野綾子

本体 1,000円+税
ISBN978-4-87723-266-5 C0095

ひとりで暮らすということ——。
夫がいなくなってからの、わたしの暮らし方。
曽野綾子が贈る、今日一日の楽しみ方。

『問題のある子ども』

なにが、神経症を引き起こすのか

問題のある子ども
なにが、神経症を引き起こすのか
THE PATTERN OF LIFE
アルフレッド・アドラー
Alfred Adler
坂東智子 訳

心はどのように
壊れていくのか。

アドラーの講義を紙上再現。
具体的アドバイスで解決！

興陽館

アルフレッド・アドラー

坂東智子＝訳

本体 2,600円+税

ISBN978-4-87723-267-2 C0011

不登校の子、動作の遅い子、犯罪を犯す子、死にたがる子…
子どもたちのこころは、なぜ壊れたのか。
現代的な児童心理分析！

『孤独がきみを強くする』

群れるな。孤独を選べ。

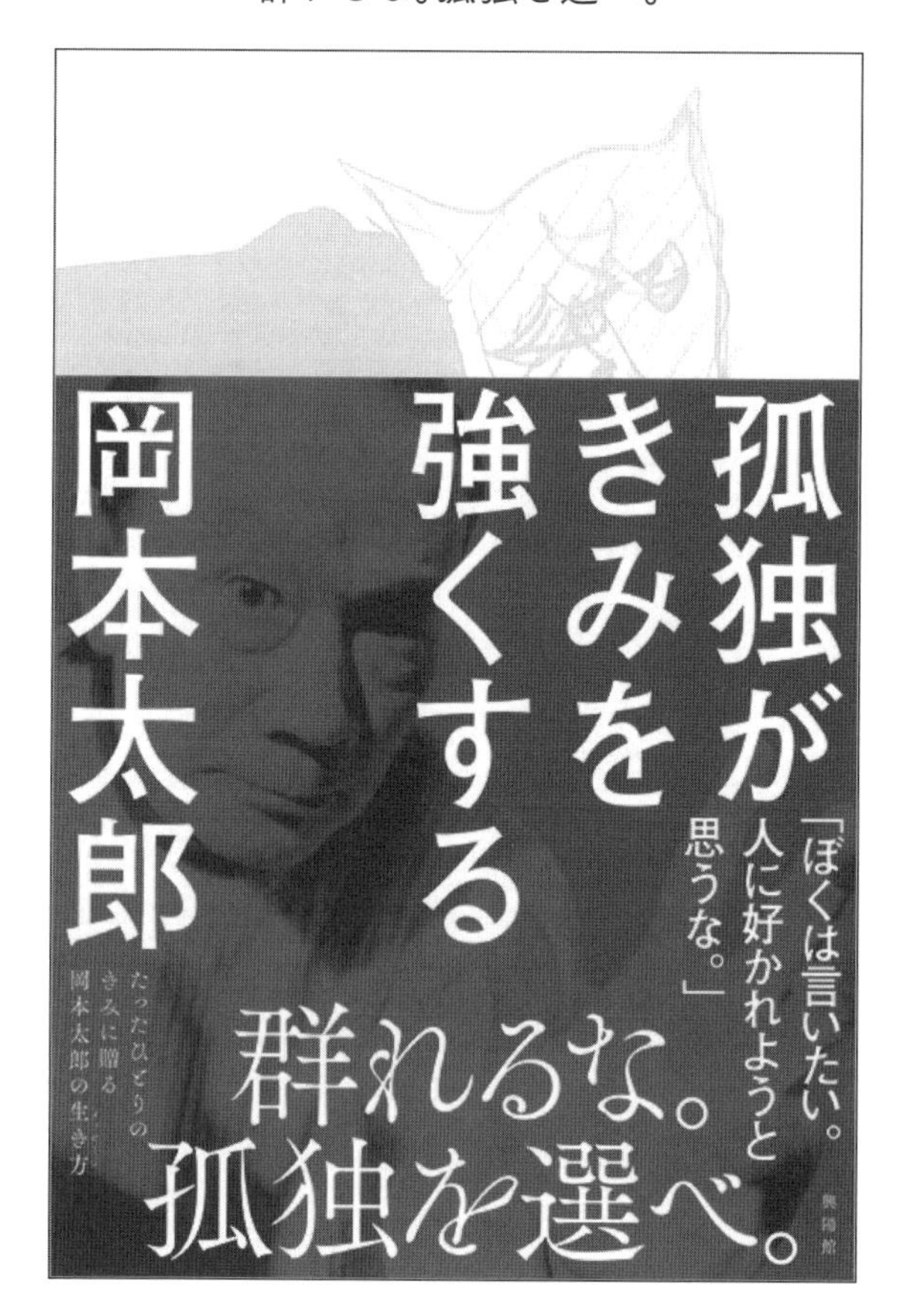

岡本太郎

本体 1,000円+税
ISBN978-4-87723-195-8 C0095

孤独はただの寂しさじゃない。
孤独こそ人間が強烈に生きるバネだ。
岡本太郎が贈る、激しく優しいメッセージ。